AF502561

R
2235

HF/93/4103

TRAITÉ

DE

L'EFFICACE

DES

CAUSES SECONDES

Contre quelques Philosophes modernes,

DANS LEQUEL

ON PROUVE CETTE EFFICACE
par des principes egalement clairs
& solides, & on determine
jusques où elle s'estend.

Aguntur ut agant, non ut ipsi nihil agant.
August. de Corrept. & Grat. Cap. 2.

R.
2235

A LEYDE,

Chez Claude Jordan, MDCLXXXVII.

R. 2235.

❦ ❦ ❦ ❦ ❦ ❦ ❦ ❦

A MESSIEURS

DE VOLDER & SENGUERD

PROFESSEURS EN PHILOSOPHIE
dans l'Université de LEYDE.

M ESSIEURS,

J'Ay fait tous mes efforts dans cet Ouvrage,
pour monstrer que les causes secondes ont de l'efficace, & mesme qu'elle est assez estenduë : Je
crains neantmoins, qu'avec tous mes efforts
je n'aye rien fait ; ou si j'ay fait quelque chose,
que ce soit peu ; & qu'ainsi je n'aye fourni des
preuves pour renverser ce que j'ay taché d'établir. Je
ne peus pourtant le croire ; quoi qu'il en soit, je viens
à vous pour sçavoir ce que j'en dois penser. Je
sçais qu'elles sont vos lumieres, vôtre penetration,
& vôtre discernement ; je ne vois point de personnes, dont je puisse mieux l'apprendre. Et
mesme j'ay peine à me persuader, que ces Messieurs,
avec qui j'ay affaire, refusent de vous oüir là-
dessus : au moins ne vois-je pas, qu'ils puissent
alleguer contre vous ce, qu'ils alleguent contre
quantité de Philosophes, pour affoiblir leur tesmoignage, c'est assavoir, Qu'ils n'ont pas examiné

ces matieres assez soigneusement : Ou s'ils l'ont
fait, que leurs sens les ont prevenus. Il
n'est point de matiere dans toute l'estenduë de
la Philosophie, que vous n'ayez meurément considerée, ni de maniere de Philosopher plus esloi-
gnée de toute prevention, que la vôtre : Tellement que, si vôtre jugement m'est favorable,
comme j'espere qu'il le sera, je ne sçaurois rien
souhaiter de plus avantageux. Tout ce, que
je pourrois apprehender en cette occasion, c'est
que d'un costé la grande reputation de ces Messieurs, le feu de leur imagination, & l'eclat de
leurs discours ne vous ebloüisse un peu ; & que
de l'autre la simplicité de mon style, & peut-
estre mesme sa rudesse en quelques endroits, ne
vous offense. Car toute l'Europe est remplie de leur
merite. On ne parle de tous costez que de leur
penetration, de la vivacité de leur esprit, & de
la beauté de leurs expressions. Il ne leur manque
rien en un mot de ce, qui peut donner dans la
veuë des gens mediocrement eclairez. Quant à
moy, comme en toutes choses je regarde plûtost à la solidité, qu'à l'apparence ; aux fruits,
qu'aux feüilles & aux fleurs ; à la fidelité du
tableau, qu'aux enrichissemens, & aux dorures ;
& que mesme j'ay crû que dans ce sujet icy un
peu difficile & abstrait il faloit plûtost s'atta-
cher à la netteté pour eclairer la raison, qu'à la
magnificence & au brillant pour eblouïr l'imagination & les sens, vous ne trouverez dans mes matieres rien, qui ne soit fort simple & fort naturel.
Cependant je ne pense pas, MESSIEURS, que ni
l'un, ni l'autre, vous donnent aucun prejugé, qui me
soit desavantageux. Les plus legers nuages sont capables

...ables d'arrester la lumiere des Estoiles ; mais les
...ayons du Soleil percent les plus epais & les dis-
...sipent. Si les yeux foibles ne peuvent distinguer
...es objets, pour peu qu'ils soient ombragez ; ceux,
qui sont penetrans, comme le sont les vostres,
...ercent au dela des voiles les plus epais, pour y
...appercevoir la verité des choses. Et ainsi je ne
...ous apprehende ni que ce brillant de mes Adversaires vous eblouïsse, ni que ma naïveté vous
choque. Il y a seulement cecy, qui me fait
quelque peine, c'est qu'ayant le goust extremement exquis, comme vous l'avez, vous auriez
peut estre souhaité, que j'eusse un peu mieux
digeré ce sujet, que je n'ay pas fait, &
que je l'eusse mieux assaisonné ; mais, outre
que je n'en ay pas esté absolument le maistre,
& qu'il est difficile de se composer, comme on
desireroit, lors qu'on a de rudes Adversaires en
teste, dont il faut observer tous les mouvemens
& les suivre, j'espere que vous considererez,
que d'une plante estrangere, qui n'a point encore
pris de racines dans le fonds où elle est, on
ne doit gueres rien attendre de meur & de parfait. Tout ce qu'on en peut exiger, c'est que le
fruit, qu'elle produit, soit d'un bon ordre, &
qu'il ayt quelque douceur. Or je suis pleinement
persuadé, que vous trouverez ces deux qualitez
en celuy-cy, que je vous offre. Car dans une
matiere des plus importantes, qu'il y ait dans
toute l'estenduë de la Philosophie, & peut-estre
mesme de la Theologie, je soûtiens la verité
dans toute la moderation possible. D'un costé
je n'ay garde de croire, que les creatures soient
independantes dans leurs actions, je sçay trop

* * *

bien,

bien, qu'elle est leur foiblesse & leur neant ;
mais aussi de l'autre, je ne peus m'imaginer qu'elles n'ayent aucune efficace, voyant qu'elles ont tant de qualitez si propres pour
agir. C'est pourquoy je suy le milieu, & mar-
che tellement entre ces deux extremitez, que
sans blesser les droits de la Premiere Cause, je
donne à la seconde ce, qu'on ne peut luy ravir
sans injustice. S'il faloit pancher d'un costé,
je ne balancerois point ; je transfererois volontiers
tout à Dieu, & ne ferois point de difficulté
de luy sacrifier tous les interests de la creature, parce que dans le fonds elle n'est presque rien devant luy ; mais puis qu'il a bien
voulu qu'elle eut quelque part dans ses ouvrages, & l'honorer de quelques traits de sa puissance, on ne sauroit les luy oster sans outrage.
Je ne nie pas, que ceux d'entre les Philosophes ou Theologiens, qui ne reconnoissent point de
Providence de Dieu dans les evenemens du Monde, ou qui luy ravissent la gloire de ce qu'il y à
de plus excellent, & de plus noble, comme
est, par exemple, la conversion & le salut
des hommes, ne soient des impies & des sa-
crileges ; mais les autres à l'opposite, qui au
lieu de sa conduite sage & douce introdui-
sent une necessité fatale, qui entraisne toutes
les causes secondes avec tant de force, qu'elles
ne contribuent que tres-peu, ou mesme rien,
à leurs effets, ne sont pas exens de blasme,
puis qu'ils le chargent en quelqu' façon de tous
les desreiglemens qui s'y trouvent. Quoi qu'il
en soit, ces Messieurs, dont je combats les sentimens, ne persuaderont jamais avec leurs ex-

potheses des causes occasionnelles , qui ostent
toute efficace aux creatures , que d'habiles
Professeurs, comme vous , qui travaillent a-
vec tant de soin à l'instruction de la Jeunes-
se , qui leur est commise , n'ayent pas plus
de part à leurs progrez , que la Chaire , ou
l'Auditoire , où ils les enseignent. Je sçais
ce qui en est, pour l'avoir souvent remarqué,
je tesmoignerai le contraire à toute la terre.
Se trouvant donc entre leur opinion , &
l'autre extremité , qui luy est opposée , une
voye seure , qu'on doit suivre pour ne pas
s'egarer , je l'ay suivie ; & dans toutes les
occasions , s'il est possible, j'useray à peu prez
de la mesme moderation. Neantmoins s'il s'a-
git de faire paroitre la consideration que j'ay
pour vous , & la passion , que j'aurois de reconnoître vos bontez en mon endroit , j'auray
peine à me retenir , car j'en suis penetré , &
ay quelque chagrin , que je ne puisse vous
tesmoigner , que par quelques paroles , que je
suis ,

MESSIEURS,

Vôtre tres-humble &
tres-obeïssant seviteur.
DE VILLEMANDY,

TABLE DES CHAPITRES
DE CE TRAITÉ.

DE L'EFFICACE
DES
CAUSES SECONDES

CHAP. I.

Que cette matiere est difficile; La source de cette difficulté: Qu'elle n'est pourtant pas si difficile, qu'on ne puisse bien l'eclaircir, sur tout si on marque nettement ce dont il s'agit.

Ors qu'il se produit quelque effet dans la nature, il y concourt ordinairement tant de causes differentes, qu'il est extremement difficile de bien demesler leurs actions, pour savoir a laquelle c'est d'entre elles, qu'il le faut principalement attribuer. Deplus, quant on pourroit aisement distinguer l'action de chacune, & ce qu'elle contribue à la production de cet effet, il arrive d'ordinaire, que la pluspart de ces causes nous sont cachées; & mêmes celles, qui y contribuent le plus: & de la vient que tres souvent on l'impute à celles, qui y ont le moins de part.

Mais je veux, qu'on connoisse parfaitement toutes celles, qui y concourent; la maniere,

A

dont

dont elles agissent, est si secrette, qu'il est
presque impossible de la connoître distinctement: souvent elle frappe les sens, & on diroit, qu'il n'y a rien de plus clair; mais y
veut-on penetrer? on trouve qu'on n'y voit
rien du tout.

Il y a bien plus; il n'est point de cause, qui
n'influe dans son effet par quelque espece de
mouvement; aumoins si elle est une veritable
cause: or on ne sçait pas même ce que c'est
que mouvement. Tout ce qui agit, est esprit ou corps, nous ne connoissons point de
milieu entre les deux; l'esprit agit par la pensée; le corps par le mouvement local: il ne
nous paroist point d'autre maniere d'operer;
Or l'un & l'autre sont terriblement difficiles à
expliquer. Soit qu'on nous dise avec les anciens Philosophes, que ce sont certaines qualités, reellement differentes des sujets, qui a-
gissent, lesquelles leur servent de moyens pour
atteindre leurs effets; soit qu'on assure avec
les modernes, que ce ne sont que des manieres d'estre des mêmes sujets, par la force desquelles ils produisent ces mêmes effets; il reste
toujours une furieuse obscurité dans cette matiere. Qu'on les appelle *qualités*, qu'on les
nomme *modes*; comme on voudra, il n'importe; mais toujours ne sçait on gueres ce que
c'est, que ces qualités ou modes; comment
ils naissent dans une cause, qui ne les avoit
pas auparavant, y finissent quelques momens
apres, & s'aneantissent entierement; passent
d'un sujet à un autre, & autres telles proprietés, qu'on y remarque. Et ainsi voila deja de

puiſſantes raiſons pour conclure, que, quand
il s'agit de l'efficace des cauſes ſecondes, il y
a une peine extreme à determiner entre pluſieurs, quelle preciſément agit, ou n'agit pas
dans un effet; de quelle nature eſt l'action de
celles, qui agiſſent; quelle eſt leur vertu &
leur efficace. Tout cela eſt fort abſtrus, & fort
caché.

Hé que ſera ce encore, ſi aux cauſes ſecondes nous adjoignons la premiere, & l'appe-
lons dans toutes leurs productions; comme il
le faut neceſſairement; puiſque ſans ſon influence, elles n'auroient aucune force; & l'y a-
yant appelée, entreprenons de marquer auſſi ſon
action, & apres tout cela, voulons encore a-
juſter cette ſienne action avec la leur. Nous
trouverons aſſurement, qu'il y aura un terrible
embarras. Figurés vous, que la cauſe premiere
ayant donné la faculté d'agir aux ſecondes, ne les
ſoûtient pas ſeulement dans leurs actions; mais
de plus qu'elle coopere avec elles d'une maniere
ſi indiſpenſable, que ſi elle ſuſpendoit pour un
moment ſon concours, elles n'auroient aucun
effet; & que même elles luy ſont ſi eſſentiellement ſous ordonnées, qu'elles ne peuvent ſe
remuer, qu'elle ne les previenne, ne les excite, & ne les determine. Voila juſques ou
va ſon efficace, conſiderés-en bien l'eſtenduë,
la neceſſité, la maniere, & puis la meſles a-
vec l'action des cauſes ſecondes, & vous ver-
rés s'il y aura de la difficulté à diſtinguer l'une
& l'autre, à borner preciſément l'etenduë de
chacune, & enfin à les allier ſi bien enſemble,
qu'elles ne ſe choquent point. Aſſurement vous

trouverés, qu'il y a une terrible peine. Si on
arreste tant soit peu la veüe sur la cause premiere, comme elle est infiniment plus agis-
sante, que les causes secondes, aussi obscur-
cit elle toute leur efficace, & ne leur en laisse,
ce semble, aucune. Mais aussi d'autre côte, si
on jette les yeux sur les causes secondes, leurs
actions estant d'ordinaire plus sensibles, que
celles de la premiere, & même paroissant a-
voir plus de proportion avec les effets, aux-
quels elles concourent, il arrive de là, qu'on
les leur attribue entierement sans en faire part
à la premiere. Et ainsi suivant les diverses veües,
qu'on a eu en divers temps, tantost on a tout
donné aux creatures, & tantost tout à Dieu.
Avant que le Christianisme & la Foy eussent
eclairé la raison & la Philosophie; qu'elles eussent eclairci leurs lumieres, & les eussent pu-
rifiées & estendües; tout le monde presque estoit dans cete erreur, que Dieu avoit tres peu
de part en ce qui se faisoit dans la nature. Il
pouvoit bien avoir donné, disoit-on, le premier branle aux causes inferieures des le commencement du monde, ou de toute eternité;
suivant les differens principes, sur lesquels on
philosophoit; mais ce branle une fois donné,
il leur laissoit faire tout, sans s'en mesler. Principes tout à fait pernicieux & abominables;
parce que si on ne pose une perpetuelle influence de Dieu dans tout ce qui se fait, & si on
reconnoist qu'il preside souverainement dans
tous les evenemens, desorte qu'il n'arrive pas
le moindre bien, ni le moindre mal, dont il
ne soit l'autheur, on tombe aussitost dans l'A-
theis-

theïsme, ou au moins dans une funeste infenfi-
bilité pour fon fervice, qui n'eft gueres moins
criminelle.   C'eft pourquoy je fuis extremement furpris, qu'aux derniers fiecles & mefme
dans celuy-ci, où il y a tant de lumiere, il fe
foit trouvé quelques perfonnes de l'Echole,
1. & mefme d'autres, qui ayent donné dans ces
opinions. Ces gens, ne fçavent pas affurément
ce que c'eft que le Souverain Eftre, & encore
moins quel eft le Neant de la creature ; car s'il
le fçavoient bien, jamais ils ne nous auroient
reprefenté le Souverain Maiftre du monde,
comme un Dieu d'Epicure, feant immobile
dans les Cieux, fans fe mefler prefque de rien ;
& les Creatures au contraire fouveraines icy bas
dans leurs actions, & quafi independantes.

Depuis que les lumieres de la grace ont éclai-
ré l'Univers, on en a tout autrement jugé.
On n'a point nié, que les caufes fecondes n'o-
peraffent dans les effets, qu'on voyoit, qu'elles
n'euffent une vertu fuffifante pour agir, qu'elles
ne la deployaffent dans les occafions ; & ainfi ne
concouruffent veritablement, à une infinité d'e-
venemens : Mais auffi n'a-t-on pas nié, que la
premiere caufe n'y eut fa part, & méme n'y
contribuat beaucoup plus : que de toute eternité elle n'eut ordonné ces evenemens, qu'enfuite
elle ne fçeut tres-certainement dans quels tems
ils devoient arriver ; & qu'enfin, ces tems-là
arrivans, elle ne defployat fa vertu pour leur
production.   Voila de quelle maniere on en a
jugé.   Ce n'eft pas au refte, que nonobftant ces
lumieres, il n'y ait toûjours eu de grandes diffi-
A 3   cultés

1 *Durand, Louis de Dole, Magnan, Mr. Bernier.*

cultez sur la maniere, dont s'accordent les deux
concours de ces deux sortes de causes dans la
production de chaque effet ; & comment l'un ne
detruit point l'autre ; mais cette difficulté n'a
pas empesché, qu'on ne les ait constamment
reconnus tous deux, jusques à nos temps, que
quelques Sçavans voulans examiner ces matieres, pour y donner un nouveau jour, ont re-
tranché celuy de la creature ; & de cette maniere, se sont jettés dans l'extremité opposée à celle
des Anciens.

Si on jugeoit de leur sentiment par leur intention, il paroistroit pieux, car ils n'ostent leur
efficace aux creatures, que pour la transferer
toute à Dieu, au lieu que les Philosophes Payens
ne l'ostoient à Dieu, que pour la donner aux
creatures ; mais comme il faut plûtost en juger
par luy mesme & par ses suites naturelles, que
par leur dessein, il n'est pas si pieux qu'il paroit ;
& s'il n'est pas si criminel que celuy de ces Philosophes, il ne laisse pourtant pas d'estre fort
injurieux à la Sagesse de Dieu ; puis qu'il ruine
tout l'ordre qu'elle a establi dans l'Univers,
pour l'entretien des choses ; & transforme en
illusion & en jeu ce commerce d'actions & de
passions si charmant & si agreable, que nos sens
nous representent entre toutes les creatures.
Deplus, bien qu'il semble beaucoup plus aisé,
que le sentiment ordinaire, qui paroist si embarassé a ces Messieurs, il a pourtant ses peines &
ses difficultés, aussi bien que l'autre. Car apres
tout, comment peut-on comprendre, que les
causes secondes n'ayent aucune vertu, & qu'il
soit impossible, comme on le tient, que la premiere

miere leur en communique la moindre ombre ?
Que la premiere fasse tout, & qu'elles ne fassent rien ? Si ces principes ont lieu, il faut renoncer à tout ce que les sens & la raison nous
enseignent là-dessus.   Il faut charger Dieu seul
de tous les desordres, les dereglemens, & les cri-
mes, qui arrivent dans l'Univers ; car si les
creatures ne font rien du tout, elles n'y ont aucune part.   Tout cela est-il sans difficulté ?
Au reste l'opinion regnante n'est peut-estre pas
si obscure, si embarassée, ni si incomprehensible,
qu'on s'imagine. Il y a trois choses à distinguer
dans cette matiere, lesquelles si on demesle bien,
& qu'on les examine par degrés, on verra qu'elles ne sont pas si impenetrables, qu'on se figure.
La premiere est la verité de l'efficace des causes
secondes dans les effets, à la production desquels
la premiere cause les employe : La seconde est
la maniere d'agir de ces deux sortes de causes ;
Et la troisiéme enfin, leur accord & leur union
dans la production de chacun de leurs effets. Le
second & le troisiéme de ces trois points sont
assés difficiles, mais il ne s'agit presentement
que du premier, qui a peu de difficulté. Ce n'est
pas, que nous n'ayons dessein d'examiner dans
la suite les deux autres ; & que mesme pour l'e-
claircissement de celuy-ci, il ne faille necessairement en toucher quelque chose, mais nous es-
perons traitter le tout de telle maniere, qu'on
le comprendra aisément. Quoi qu'il en soit,
nous n'avons pour but maintenant que d'eclaircir cette seule question, *Si les causes secondes a-*
gissent veritablement dans les effets, ou si elles n'y
servent que d'occasions, à la presence desquelles ce

A 4   *soit*

soit la cause premiere, qui seule les produise. Nos Adversaires soûtiennent qu'elles n'y agissent point, mais seulement en sont des causes occasionnelles ; pour Nous, nous le nions. Il faut voir, qui d'eux ou de nous a raison. Mais afin qu'ils ne se plaignent pas, qu'on leur impose, il faut les oüir parler eux mesmes, escouter leurs raisons ; & même comparer leur sentiment avec le nostre, afin qu'on puisse juger, lequel des deux doit estre preferé. Et c'est ce que nous allons faire, avant que de passer plus avant.

CHAP. II.

Sentiment des Adversaires, & ses fondemens, avec quelques reflexions generales là dessus.

LA Matiere est de soy une chose brute & sans mouvement. De quelque maniere, que ses parties soient disposées ; quelque situation & quelque figure, qu'elles ayent ; quelque corps qu'elles composent, on ne peut concevoir qu'elle puisse se mouvoir, ni agir, s'il n'y a quelque principe estranger, qui luy imprime, ou luy ait imprimé ce mouvement. Voyla l'idée, qu'on en a naturellement ; pour peu qu'on en considere la nature. Aussi presque tous les Philosophes, Anciens & Modernes, en ont-ils jugé de céte maniere. Mais bien qu'ils n'ayent pas crû qu'elle pût se mouvoir d'elle même, il n'en est pourtant point, qui ayent nié, qu'elle ne pût estre müe par une cause externe, & que l'étant une fois, elle n'eut une veritable efficace dans les effets qu'elle produit.   Pour

Pour ce qui est des Esprits & des Intelligences, peu de gens aux siécles passés en ont bien connu la condition & les proprietés ; mais pourtant il ne s'est jamais trouvé personne, qui leur ait ôté toute sorte de faculté, & d'action. On a toûjours crû, qu'ils connoissoient les differens objets, qui se presentoient à eux ; qu'ils en pouvoient juger suivant les idées qu'ils en avoient ; que selon qu'ils en avoient jugé, ils les pourchassoient, ou les fuïoient, avec une pleine & entiere liberté. Ceux-là mêmes, qui ne les croyoient pas d'une nature fort differente des corps ; qui y concevoient de l'etenduë, des parties & quelque espece de figure ; qui, en un mot, ne pensoient pas que ce fut autre chose qu'un feu, ou un air tres-subtil ; n'ont pas laissé pour cela d'en faire le même jugement que les autres, & de leur attribuer quantité d'effets tres-considerables, dont ils étoient absolument les maîtres, par le privilege de leur liberté, qu'on ne pouvoit leur ravir. Il y a bien plus, c'est que les uns & les autres considerans, que tant la matiere, que tous les corps pesans & grossiers, ne pouvoient se mouvoir d'eux mêmes, & qu'il faloit necessairement trouver quelque agent externe, qui leur imprimât leur mouvement, & reglât leurs effets, n'ont pas crû, qu'on en pût établir d'autre, que quelque Esprit & quelque Intelligence. Et pour ce qui est de ces derniers siecles, ou on a une connoissance infiniment plus claire de ces sortes de substances, qu'on n'avoit jamais eu ; bien loin qu'on leur ait ôté leur efficace, jamais on ne leur en avoit tant donné, qu'on a fait. Plus on a connu l'excellence de leur condition, plus on les a eslevés au dessus de la matiere, & plus on leur a ottroyé de vertu. Voila constamment, quel a esté le jugement, qu'on a toûjours fait de l'efficace des creatures.

Et aussi ne pouvons nous deviner, d'où c'est que ces Messieurs, contre lesquels nous disputons, ont puisé leur opinion ; ni qui leur a fait naître dans l'esprit une pensée si estrange. Nous aurions peine même à croire, qu'ils les dépoüillassent de toute sorte de vertu ; si les amples Dissertations, qu'ils ont fait là-dessus, & la chaleur avec laquelle ils combattent l'opinion ordinaire, ne nous y forçoient malgré nous. Et même nonobstant toutes ces Dissertations, & cette chaleur, faisons nous conscience de prendre à la lettre tout ce qu'ils disent sur cette matiere. Nous sçavons bien qu'estans des Esprits extraordinaires, comme ils sont, & que de plus affectans de le paroistre dans toutes les occasions, comme ils le font, ils ne peuvent s'egarer, que leurs egaremens ne soient extremes. Cependant nous n'osons les croire si excessifs, & si exorbitans qu'ils paroissent.

Lors qu'il se produit quelque effet, ils ne nient pas, disent-ils, qu'il ne suive de l'assemblage de quantité de causes, que la Providence de Dieu a ajustées pour le produire ; & qui semblent même y deployer une reelle & veritable efficace. Mais pour peu qu'on examine la chose sans prevention, on verra que tout cet appareil de causes n'y a aucune part, & que c'est la seule Puissance de Dieu, qui luy dône l'existence: Sous ombre, que la cause premiere les employe à la production de cet effet, on leur donne des

qua-

qualitez réelles, & des vertus, par lesquelles elles puissent agir : Mais 1 *il n'y a point d'autre puissance dans l'Univers, que la Volonté de Dieu.* Lors que cette volonté les excite à agir, on diroit, qu'elle leur imprime quelque mouvement, qu'elles transmettent aux sujets, sur lesquels elles agissent ; mais il n'y a point d'autres mouvemens que les decrets de Dieu ; *Elles n'ont point d'impressions qu'elles puissent communiquer.* A voir de quelle maniere les effets en procedent, on jugeroit qu'elles en sont des causes réelles, & qu'elles deploient quelque efficace dans leur production ; mais *on se trompe grossierement, elles ni contribuent rien du tout ; elles n'en sont que des causes occasionnelles, qui determinent l'Autheur de la nature à agir de telle, ou telle maniere, en telle, ou telle rencontre.* Et en un mot toutes ces qualitez réelles qu'on leur attribué ordinairement, toutes ces facultez, cette efficace, *ne sont que des chimeres, que l'Esprit malin tasche d'establir pour ravir au vray Dieu l'adoration, qui luy est deüe.*

La chose est si veritable, *qu'il semble même qu'il y ait de la contradiction, qu'elle soit autrement. Cause veritable,* nous dit-on, *est une cause entre laquelle & un effet, l'esprit apperçoit une liaison necessaire : Mais il n'y a que l'Estre infiniment parfait, entre la volonté duquel & les effets, l'esprit apperçoive une liaison necessaire. Il n'y a donc que Dieu, qui soit la veritable cause, & qui ayt veritablement la puissance de mouvoir les corps. Or on ne conçoit pas que Dieu puisse commu-*

A 6

muni-

1 *Malebranche Traitté de la recherche de la verité, liv. 6. chap. 3.*

muniquer à un Homme, ou à un Ange cette puiſſance ; ou ſi on veut dire qu'il le puiſſe, on doit dire
auſſi, qu'il pourra leur donner celle de creer, d'a-
neantir, & de faire toutes les choſes poſſibles.

De plus, nous n'avons que deux ſortes d'idées ;
idées d'eſprit, & idées de corps, & ne devons dire
que ce que nous concevons ; nous ne devons raiſonner que ſuivant ces idées. Pour les corps, tous grands
& petits, n'ont point la force de ſe remuer. Une
montagne, une maiſon, une pierre, un grain de ſa-
ble, enfin le plus petit, ou le plus grand des corps,
qu'on puiſſe concevoir, n'a point la force de ſe remuer. Quant aux eſprits finis, on ne voit point
non plus de liaiſon neceſſaire entre leur volonté &
le mouvement de quelque corps que ce ſoit : on voit
au contraire, qu'il n'y en a point ; & qu'il n'y en
peut avoir. On doit donc auſſi conclure, ſi on veut
raiſonner ſelon ſes lumieres, qu'il n'y a aucun eſprit
creé, qui puiſſe remuer quelque corps, que ce ſoit ;
comme cauſe veritable, ou principale ; de meſme
qu'on a dit qu'aucun corps ne ſe pouvoit remuer
ſoy-meſme.

Mais peut-eſtre les corps peuvent-ils agir ſur
les eſprits ; quoy que les eſprits ne le puiſſent
ſur les corps ? Encore moins, nous dit-on, ſi
on eſtoit ſi malheureux d'avoir cette penſée, *il
ſe peut qu'on auroit le cœur Chrétien, mais l'eſprit
ſeroit Payen. L'amour & la crainte ſont la veritable adoration de l'eſprit. Il eſt difficile de ſe per-
ſuader qu'on ne doive point adorer les choſes, qui
peuvent agir ſur nous ; qui peuvent nous punir par
quelque douleur, ou nous recompenſer par quelque
plaiſir : Car tout ce, qui peut agir ſur nous, comme cauſe veritable & reelle, eſt neceſſairement au*

deſſus

*deſſus de nous. Et par conſequent les corps ne peu-
vent agir ſur nos eſprits.*

Peut-eſtre enfin les eſprits finis pourront-ils
agir ſur eux-mêmes, & en eux-mêmes ? Et ainſi
il y aura toûjours quelque cauſe ſeconde , à qui
on aura droit d'attribuer quelque efficace. Point
du tout ; *ils ne le peuvent pas plus , que les corps.
Les eſprits les plus nobles ſont dans une ſemblable
impuiſſance. Ils peuvent determiner l'impreſſion que
Dieu leur donne pour luy , vers autre choſe que luy,
je l'avouë ; mais on ne ſçait , ſi cela ſe peut appeller puiſſance. Si pouvoir pecher eſt une puiſſance,
ce ſera une puiſſance , que le Tout-puiſſant n'a
pas.*

Voila leur ſentiment ; & les principales raiſons dont ils l'appuient , que nous n'avons
point deguiſé , puiſque nous n'avons repreſenté
le tout , que par leurs propres termes. Suivant
ces hypotheſes , toute cauſe ſeconde eſt corps ,
ou eſprit ; il n'y a point de milieu entre les deux.
Les corps ne peuvent agir ni en eux-mêmes , ni
ſur d'autres corps, ni ſur des eſprits. Les eſprits
pareillement, ni ſur eux-mêmes , ni ſur d'autres
eſprits , ni ſur des corps. Et par conſequent ,
il n'eſt point de cauſe ſeconde , à qui on puiſſe
ottroyer la moindre vertu , ny la moindre efficace. Tout ce , qu'on pourroit peut-eſtre alleguer , c'eſt que les eſprits tendans inceſſem-
ment vers Dieu , comme vers leur Souverain
bien , par un mouvement , qu'il leur imprime,
& qu'il conſerve en eux , ſemblent avoir la puiſſance de determiner ce mouvement , & ainſi de
s'arreſter d'eux-mêmes aux differens objets, qui
les frappent, à meſure qu'ils s'avancent vers luy;

A 7

mais

mais cette puissance n'est qu'une foiblesse, &
qu'une faculté passive, suivant laquelle ils cedent
malheureusement à l'impression de ces objets, &
s'y arrestent : au lieu qu'ils devroient tendre incessamment vers ce merveilleux objet, qu'ils ont
devant les yeux. Et ainsi, à le bien prendre, ils
n'ont pas plus de vertu, que les corps les plus
grossiers.

Au reste les raisons generales, sur lesquelles
ils se fondent, sont, Qu'il n'y a point de veritable cause, que celle, entre laquelle & son effet on apperçoit une liaison necessaire & indispensable. Or entre les creatures & les effets
qu'on leur attribuë, on ne remarque point cette
liaison ; elle ne se trouve, qu'entre la Puissance
de Dieu, qui est sa Volonté, & les effets qui en
emanent. D'où suit, qu'il n'y a qu'elle seule,
qui merite la qualité de cause. De plus, afin
qu'une chose puisse agir sur une autre, il faut de
toute necessité, que cette autre luy soit assujettie,
& en depende. Or les corps ne dependent point
des esprits finis, & encore moins les esprits des
corps, les uns & les autres ne dependans que de
Dieu. D'où il est aisé de conclure, que les uns
ni les autres n'ont aucune veritable efficace.

Si nous n'estions assurés, que ces Messieurs
parlent serieusement, nous croirions en verité
qu'ils se moquent du monde, en nous disant,
que tout ce qu'on remarque de l'efficace des
creatures, n'est qu'un rien & une vaine apparence. Quelques Sages de l'antiquité, consideraas
la diversité des evenemens, qu'on voit dans l'U-
nivers, nous ont dit que c'estoit un jeu de la Nature, qui s'esgayoit dans cette varieté ; voulans
nous

nous infinuer par-là, que Dieu produifoit le tout
avec une merveilleufe facilité ; & que le plus
fouvent on n'en trouvoit d'autre caufe, que fon
feul bon plaifir.   Cette penfée eft fort judicieufe.
Nos Adverfaires ne parlent pas de mefme ; ils ne
nous difent pas, que c'eft un jeu, mais ils le pen-
fent ferieufement.   Car, fi on les en croit, tout
ce, qui nous paroift dans l'Univers, tout ce
grand appareil de caufes fous-ordonnées les unes
aux autres pour la production des moindres effets ; tant de qualitez & de vertus, toutes ces
actions fi differentes qui en viennent, & qui font
toute la beauté de la nature ; toutes ces chofes ne
font que des jeux, & des illufions pour amufer
les fens.   Belles imaginations, & dignes de ces
fublimes Efprits, qui de peur de contracter quelques tenebres, & quelque foüillure, par le commerce des chofes fenfibles, font toûjours guin-
dés dans les Cieux, & ne veulent rien voir, que
dans l'Effence Divine ! Zele Divin, & Seraphi-
que, de ces Intelligences Celeftes, qui, de peur
de ravir à Dieu quelques rayons de l'adoration,
qu'ils luy doivent, ne veulent pas ottroyer aux
creatures la moindre perfection, qui les y at-
tache !

Tout cela feroit bon dans la Republique de
Platon, où tout fe paffe en imaginations, & en
idées ; ou dans ce monde de Defcartes, * qui
formé dans des efpaces imaginaires d'une matiere fuppofée, & ce fuivant des loix de mouvement forgées à plaifir, ne peut avoir que de fem-
blables caufes : Mais pour noftre monde il eft
trop

* Methode de Defcartes, pag. 27. 28. de la
derniere impreffion.

trop réel, pour n'avoir esté fondé, & ne subsister
que sur de tels principes.

Mais on ne voit point, *dit-on*, de liaison necessaire entre les causes secondes, & les effets,
qu'on leur attribuë; comme on en voit entre la
cause premiere & ses effets.   Il se peut qu'on
n'en voit point, mais c'est qu'on ne veut pas en
voir; qu'on renonce aux sens, & à la raison,
qui la pourroient presenter, pour aller en chercher je ne sçais où, dans les Abysmes de l'Essence Divine; où on n'en trouvera jamais, qu'on ne
soit pleinement informé de ses decrets, & de sa
volonté, lesquels il ne nous manifeste point de
cette maniere, mais seulement par la contem-
plation des creatures.   Et ainsi il ne faut pas
s'estonner, si on n'en trouve pas: Mais nous
examinerons plus amplement dans la suite, &
cette raison, & les autres, sur lesquelles on
s'appuye : Poursuivons l'idée generale de l'opinion de nos Adversaires; & des circonstances,
qui aident a nous la decouvrir.

CHAP. III.

Maniere, dont nos Adversaires se defendent;
la diversité qui se trouve entre eux;
la fin pour laquelle ils ostent toute
efficace aux creatures, avec quel-
ques reflexions sur le tout.

IL ne faut donc pas estre surpris, si on se re-
paist si aisement de ces illusions, & mesme si
on veut en repaistre les autres; puis qu'ou ferme
les yeux à tout ce qui les pourroit dissiper. On

ne veut ouïr là-dessus ni le tesmoignage des
sens, qui peuvent en juger; ni le sentiment des
sçavans, qui apres un serieux examen en ont
prononcé; ni l'authorité de l'Escriture Sainte,
qui en mille & mille endroits en decide; ni enfin
la raison ordinaire de tous les hommes, qui n'y est
pas moins expresse; parce-que tout cela leur est
formellement opposé, & les condemne ouvertement.   Le seul principe sur lequel il en faut
decider, *dit-on*, est la souveraine raison, qui est
en Dieu, les veritez eternelles gravées dans son
Essence, qu'il faut interroger par priéres & par
attention, autrement on ne peut que s'egarer.
En un mot il n'y a point d'autre moyen d'en juger que le ravissement, l'exstase, l'inspiration,
ou quelque chose de semblable.   * *Dans tous les
siecles la puissance des causes secondes, a esté re-
connuë pour réelle, & pour veritable*, nous dit-on,
*mais il est certain, que ç'a esté sans preuve.....
qui soit capable de faire quelque impression sur un
esprit attentif.*   Et de plus, c'est que quant
bien même tous les habiles gens, & *les Peres* en
particulier, *auroient toûjours favorisé l'efficace des
causes secondes, peut-être qu'on ne seroit point obligé d'avoir égard à leur sentiment, s'il ne paroissoit
qu'ils eussent examiné avec soin cette question, &
que ce qu'ils en auroient dit, n'auroit point esté
une suite du langage, lequel se forme & s'establit
sur les prejugez.*   Or c'en est ordinairement une
suite; *parce-que les Peres & les personnes les plus
Saintes & les plus éclairées dans la Religion, ont ordinairement fait connoître par quelques endroits de*
leurs

* *Malebranche Eclaircissement sur le* 8. *chap. du*
6. *liv. de la Recherche.*

leurs ouvrages, qu'elle estoit la disposition de leur
esprit, & de leur cœur à l'égard de cette question.
Pour ce qui est des sens, ils deposent bien aussi
en faveur de l'efficace des causes secondes ; Mais
les preuves confuses, qui ne sont appuiées, que sur
le resmoignage trompeur & d'eux & des passions,
ne doivent pas estre receuës de ceux, qui sont usage
de leur raison. Il faut, disent les Peripateticiens,
convaincre ceux, qui nient cette efficace par des
preuves sensibles, & les obliger ainsi d'avouër qu'on
est capable d'agir en eux & de les blesser. Mais
cette pretenduë demonstration fait pitié ; car elle
fait connoistre la foiblesse de l'esprit humain ; &
que les Philosophes memes sont infiniment plus sensibles, qu'ils ne sont raisonnables.

Enfin, quant à l'Ecriture Sainte, il y a bien
quantité de passages, qui semblent établir l'efficace des causes secondes ; Mais il y en a aussi plusieurs, qui attribuent à Dieu cette pretenduë efficace : si bien que, pour la concilier avec elle-mesme,
il faut dire, que lors qu'elle semble authoriser cette
efficace, elle parle selon l'opinion commune, au lieu
que lors qu'elle la transfere toute à Dieu, elle parle selon qu'Elle, ou plutost Dieu le pense & le
voit. Et on pourroit peut-estre encore concilier ses
differentes expressions, en partageant cette efficace
entre Dieu & les creatures, comme le font quantité
de Scholastiques ; mais l'Escriture Sainte n'a esté
addressée qu'aux Juifs, qui estant un Peuple extremement grossier, il n'y a point d'apparence, qu'elle
leur aye rien insinué de ce concours immediat de la
Providence dans tous les evenemens, que les plus
habiles Theologiens ne peuvent comprendre. Et par
consequent, il n'est, a proprement parler, que
la

la raison, & encore une raison epurée, exente
de toute sorte de prejugez, eslevée au dessus de
tous les sens, puisant les choses dans leur source,
Divine en un mot, & participante à la Souveraine raison, qui puisse decider de cette question.
Voila à peu pres la maniere, dont ils soûtiennent leur opinion.

En verité cette maniere est plaisante. On
forge une hypothese à sa fantaisie, on l'appuye
de quelques meschans argumens, & puis on veut
qu'elle soit inebranlable. On crie sur tout, qu'on
ne voit pas une ombre de raison, pour soûtenir
le contraire, qu'on fait tous les efforts imagina-
bles, pour concevoir quelque efficace dans les
causes secondes ; mais qu'on ne peut y en appercevoir. Hé ! on n'a garde d'y en voir, puis
qu'on est tellement entesté qu'elles n'en ont
point du tout, qu'on ne veut rien voir, ni escouter qui le prouve. Si on allegue pour cet
effet l'authorité des habiles gens de tous les siecles, on dit qu'ils n'ont point examiné à fonds
ces matieres ; ou s'ils l'ont fait, qu'ils ont esté
trop grossiers & trop sensuels pour en juger.
Si le tesmoignage des sens, on ajoute, qu'ils sont
prevenus en cette occasion, à l'avantage des causes secondes, qui les charmans par leurs douceurs,
corrompent leur deposition. Si Dieu, enfin,
parlant en sa Parole, on respond, qu'il ne parle
point en Dieu, mais en homme, point comme
il pense, mais comme le croit le vulgaire. Et
ainsi on rejette avec une extreme dedain tout ce
qui pourroit ôter le bandeau de la préoccupation, bannir l'entestement, & desiller les yeux.
De cette maniere il est aisé de deffendre tout ce

qui

qui viendra dans la pensée. Mais quelques
zelés, que paroissent ces Messieurs pour la gloire de Dieu, quelque estime, qu'ils fassent de la
pureté de leurs lumieres, avec quelque confian-
ce qu'ils nous débitent leurs revelations ; ils
nous pardonneront, s'il leur plaît, si nous ne les
en croyons pas sur leur parole ; & si nous ajou-
tons plus de foy à une infinité de grands hômes,
qui donnent tous constamment de l'efficace aux
creatures, qu'à deux ou trois qu'ils sont, lesquels contre toute la terre, ne veulent pas qu'elles
en ayent ; Et si nous nous arrestons plutost à
nos sens & à nôtre raison, qui en cela jugent des
choses, qui leur sont proportionnées, & extre-
memeut familieres; qu'à leur imagination abs-
traite, qui les va chercher dans le Ciel, & dans
les abysmes de l'Essence Divine : Et si enfin,
nous nous en tenons plutôt aux oracles de Dieu,
parlant en sa Parole, & nous attestant cette verité en mille & mille endroits, qu'à quelques ré-
ponses ambiguës, qu'ils pretendent que sa sagesse leur rend, quand ils la consultent par leurs
prieres & par leur attention. Ils sont d'ailleurs
tres-éclairez en une infinité de choses, nous ne
le nions pas, ni ne voulons rien ôter à leur habileté ; mais, si ce qu'ils nous posent étoit vray,
seroit-il bien possible que personne du monde ne
l'eût sçeut avant eux, & que personne encore aujourdhuy ne le pût appercevoir, tandis qu'eux le
conçoivent, à leur dire, avec la derniere evidence, & le proposent si clairement. Car je pose
en fait, & ose soûtenir, qu'excepté deux ou trois
qu'ils sont, tout le reste des Sçavans traitent leur
sentiment devision ; au moins ne sçauroient-ils
nous

nous alleguer personne, qui l'ait jamais formellement soutenu avant eux. Mais il ne faut pas
s'en estonner, ce sont Oracles, tout le monde
n'est pas capable de les entendre.

* Descartes semble estre le premier, qui ayt
jetté les fondemens de leur opinion, & mesme
ils pretendent qu'il l'a suivie dans toute son éten-
duë : mais quoy qu'il n'ayt pas cru, que les
corps puissent agir réellement sur les esprits,
parce qu'il se trouve entre eux une distance presque infinie ; & que de plus les esprits ne leur sont
point soûmis ; cependant il est certain, qu'il a
tenu que les corps peuvent agir effectivement
les uns sur les autres ; & mesme les esprits sur
les corps. Qu'on consulte ce qu'il en écrivoit
† à Henri More dans un fragment de response,
qu'il avoit dessein de luy envoyer quelque tems
avant mourir ; & où par consequent on trouve
son vray & dernier sentiment sur cette matiere :
Et on verra si ce n'a pas esté là sa pensée. Tout
ce qu'il a donc fait, c'est d'avoir fourni l'occasion à quelques uns de ses Disciples, d'avancer
cette nouvelle opinion.

Le premier d'entre eux, que je sçache, qui
l'ait mise en avant, & ouvertement soûtenuë,
est La Forge, Medecin de Saumur, dans son
¶ Traitté de l'Esprit humain, mais encore n'a-t-
il pas poussé les choses aux extremitez, où elles
sont venuës. Descartes avoit ôté l'efficace aux
causes secondes, lors qu'il faut qu'un corps agisse
sur un Esprit ; pour luy il passe plus avant, & la
leur

<hr>

* Dans le premier traitté des passions & ailleurs.
† Premier Volume des Lettres, Lettre 72.
¶ Chap. XVI.

leur ôte encore, soit qu'il s'agisse de l'action
d'un corps sur un autre ; soit de celle d'un Esprit
sur un corps : Mais il en demeure là, & ne nie
pas qu'un Esprit ne puisse agir sur luy-mesme,
& que par le principe de liberté, qui luy est naturel, il ne se determine tantôt à une action,
tantôt à une autre, selon qu'il le juge convenable.   Voila son sentiment.

Mais apres luy est venu le Pere Malebranche,
qui, comme il fait profession de ne suivre gueres
personne, s'est jetté dans les derniers excez, &
a ôté aux creatures toute sorte d'efficace, aux esprits aussi-bien qu'aux corps ; ne voulant pas
même qu'ils soient les principes de leurs connoissances, ni de leurs inclinations.   Il semble
bien vouloir leur laisser quelque ombre de liberté, & la puissance de se determiner au mal ; mais
comme cette puissance, n'est autre chose, que
la puissance de desister d'agir, & d'arrester quelques sens sur les divers objets, qui se presentent,
le mouvement naturel, par lequel Dieu les porte
incessamment vers luy, on ne peut pas dire que
ce soit une faculté active.   De plus, s'ils s'arrê-
tent sur ces objets, ils ne s'y arrestent pas par
quelque empire, qu'ils ayent sur leurs mouvemens ; mais par la force de ces mesmes objets,
qui les attirent à eux & les engagent par leurs
charmes, & par leurs apparences trompeuses :
Et ainsi on ne peut pas conclure de là, qu'ils
ayent aucune faculté d'agir même sur eux-mêmes.   Voila quelle est sa pensée.   Au reste il a
fait tant d'efforts pour l'establir, on la rencontre en tant d'endroits de ses ouvrages, il a ramas-
sé avec tant de soin tout ce qu'on peut alleguer

pour

pour l'éclaircir , la colorer & la deffendre,
qu'il n'eſt gueres poſſible d'y rien ajouter.
C'eſt pourquoy ayant formé le deſſein de la
propoſer dans toute ſon eſtenduë , avec ſes
fondemens , & ſes circonſtances , & d'en porter
nôtre jugement , nous avons pris de luy tout ce
que nous en avons propoſé.

Il ne paroiſt pas poſſible d'outrer davantage la
matiere, qu'il l'a fait. Neanmoins il s'en trouve
encore quelques autres, qui paſſent plus avant.
Il s'eſt contenté , quant à luy , d'ôter aux cauſes
ſecondes toute action ; mais ces derniers par les
principes qu'ils poſent depoüillent encore la
premiere de la plus grande part des ſiennes. Ils
nous diſent que * les modes , & les qualitez,
qu'on remarque dans les ſujets , ne ſont rien de
different d'eux ; que la figure , la ſituation , & le
mouvement , par exemple , ne ſont réellement
autre choſe, que les corps dans leſquels elles
ſont : & que , ſi elles y ajoûtent quelques entitez,
qui en ſemblent differentes , ce ne ſont que ſimples relations , ou manieres de concevoir , qui ne
poſent rien de nouveau dans ces corps. Nos
penſées mêmes, nos inclinations , & nos volontez , que nous nous imaginons eſtre quelque
choſe de different de nos ames, ne ſont, ſelon
eux, que leur ſubſtance propre, conceuë ſous differens rapports aux objets, que nous connoiſſons.
Voyez un peu quels principes : s'ils ont lieu, tout
ce que la cauſe premiere produit de nouveau dans
la nature , n'eſtant preſque que des modifications & des qualitez , dont elle reveſt ſuccèveſſi-
                                    ment

* *Emmanuël Magnan en divers endroits de ſa*
Philoſophie , & quelques autres.

ment les diverses parties de la matiere, il suivra
de là qu'elle n'y produit rien de nouveau : Et de
cette maniere, ils luy ostent presque toute son
efficace, aussi bien qu'aux creatures. Suivant les
belles suppositions de ces Messieurs, il ne reste
plus dans le monde que des substances ; s'il leur
prend envie de raffiner encore là-dessus, ils en
viendront peut-estre jusques-là, que de les anne-
antir, & nous subroger en leur place des idées &
des phantosmes.

Hé ! quel pensés-vous, que soit le but de ces
raffinemens ? On nous dit que c'est que les anciens Philosophes ont trop donné à la nature ;
que par les fausses idées, qu'ils ont eu de la vertu
des creatures, ils les ont comme deifiées, & es-
levées en la place du Createur ; d'où est venu ce
profód aveuglemēt, & cette horrible Idolatrie qui
ont regné, & regnent encore dans le Paganisme:
Si bien qu'il faut depoüiller ces Idoles de cette
pretenduë vertu, & la transferer toute à Dieu,
afin que luy seul ait tous nos hommages, & toutes nos adorations. Voila ce qu'on nous debite.

J'avoüe qu'Aristote, Epicure, & leurs Sectateurs, qu'on a icy particulierement en veuë, ont
trop donné à la nature ; mais j'ay peine à croire
que leur Idolatrie, & celle de ceux qui les ont
suivis, procede de cet excez de puissance, qu'ils
ont donné aux causes naturelles ; au moins suis-je
asseuré, qu'il y avoit bien avant eux de l'Idolatrie
dans le monde, qui n'en étoit point venuë. Car
avant eux, & avant tous ces autres Philosophes,
qu'on appelloit Physiciens, parce que ne se met-
tans gueres en peine de la premiere cause, ils
pretendoient donner la raison de tout, par la
matiere

matiere & par le mouvement , sans monter plus
haut ; avant tous ces gens-là , dis-je , il y avoit
une terrible Idolatrie dans tout l'Univers ; quoi
qu'au reste on ne doutât pas que Dieu n'eust la
meilleure part dans tous les evenemens.   Et
ainsi quand on a commencé d'adorer les creatures, & de les deïfier , ces desordres ne sont point
venus de ce qu'on leur a attribué trop de puissance , & qu'on a cru , que le principe de leurs
actions leur étoit essentiel & interne ; mais plutost de ce qu'on n'a pu concevoir , qu'ayans
des effets si merveilleux & si surprenans , qu'elles avoient , ils vinssent d'elles seules. D'où on
a conclu , qu'il falloit necessairement , qu'il y
eut en elles quelque chose de Divin , & par consequent qu'il les falloit adorer. * Et c'est aussi la
pensée de la pluspart des grands hommes , qui
ont examiné ces matieres.   Que si la source de
l'Idolatrie est telle , comme il n'en faut presque
point douter , elle est plutost née de l'erreur de
nos Adversaires , qui ostans toute efficace aux
creatures , pretendent qu'il n'y a rien en elles ,
qui agisse , que Dieu seul ; que du sentiment de
ceux , qui leur ont attribué une puissance d'agir
interne & propre.

Mais au fonds, quant ce sentiment auroit donné lieu à l'Idolatrie , n'y avoit-il point d'autre
voye pour la detruire , que de ruiner entierement l'efficace des creatures ? Il me semble ,
qu'il y en avoit une, & fort naturelle. On a trop
donné aux creatures de puissance & de vertu , &
B   de là

<hr>

* *Minutius Felix in Octavio. Lactantius de
falsa Religione , cap. 8. Vossius de Idololatria
Gentili , lib. 2, cap. 3.*

de là est venu, qu'on a delaissé le Createur ; & qu'on les a adorées. Hé bien moderons cette puissance, ce trop & cet excez, restituons-le au Createur, à qui on l'avoit injustement ravi : Et voila les choses dans l'ordre, où il faut qu'elles soient. On estimera la creature selon sa condition ; mais comme le Createur sera la premiere source de tout, & souverainement eslevé au dessus d'elles, il aura luy seul nos cœurs & nos adorations. Voila où il faloit se tenir, sans aller à ces excés, qui bouleversent tout.

Mais si on s'y fût arresté, on ne se fût pas assés esloigné d'Aristote, on n'eust pas assez raffiné sur Descartes, on n'eust rien dit de nouveau ; on n'auroit point passé pour Original ; en un mot on n'auroit pas fait parler de soy dans le monde. Quelques ardens, que me paroissent ces Messieurs pour la gloire de Dieu, j'ay peine à croire, en voyant la maniere, dont ils traittent le reste des Philosophes, & le mespris qu'ils en font ; le ton eslevé, avec lequel ils parlent ; l'authorité, auec laquelle ils tranchent ou decident tout ; j'ay peine, dis-je, à croire, qu'il ne soit entré dans leur dessein quelque peu de leur gloire propre. Et ils seroient fâchez, ou nous nous trompons fort, qu'on crût à leur esgard, qu'ils n'ont ni qualité, ni vertu, ni merite, qui ne se trouve par tout ailleurs ; que tant de belles choses, qu'ils debitent, ne viennent point d'eux comme de leur propre source ; qu'ils sont dans leurs ouvrages des instrumens purement passifs en la main de la Cause Premiere, lesquels n'y contribuent pas plus, que leurs papiers, leurs plumes & leurs Copistes : Nous sommes extrememenc

trompez

trompez, dis-je, ou ils en auroient du chagrin.
Et ainsi, qu'on interroge leur conscience, qu'ils
disent ce qui en est, nous sommes assurez, que
sans aller plus loin, nôtre affaire est vuidée, &
que nous avons gagné. Quant à nous, nous ne
nous piquons pas de tant de zele, ni de tant de
raffinement. Nous voulons bien, qu'on n'ado-
re que Dieu seul, mais nous voulons en mesme
temps, qu'on honore aussi les creatures, selon
le degré de leur excellence, & selon leur merite;
Nous ne refusons pas d'examiner par la raison,
ce qui est de l'efficace des causes secondes ; mais
comme nous ne sommes pas de pures Intelligences, & que la Nature nous à donné d'autres
moyens, que la Raison, pour juger des choses,
qui nous concernent, nous soûtenons qu'on
peut les employer en cette occasion. Voila en
general ce, que nous pensons qu'il faut tenir
sur cette matiere. Mais il faut exposer plus
amplement toutes ces choses.

CHAP. IV.

Nôtre sentiment sur l'Efficace des causes
secondes, & les principes generaux
sur lesquels il est appuyé.

ON ne peut considerer tant soit peu la condition des creatures ; la maniere dont chacune est disposée; la subordination, qui est entre
elles, leurs actions, & leurs mouvemens ; les
effets, qui à tous momens en resultent, & autres telles choses, qu'on n'avouë incontinent,
ou que tout cela s'est fait par un pur hazard, ou

qu'elles ont des facultez pour agir, qu'elles
agissent, & par le moyen de leurs actions produisent une infinité d'effets tres-remarquables.
Tout l'enseigne, tout le dicte, on ne peut le
nier sans vouloir s'aveugler.   Hé! quelle apparence en effet, qu'un Agent infiniment sage,
& puissant, tel qu'est Dieu, eut arrangé de cette
maniere tant d'agens particuliers, les eut si bien
ajustez pour agir; & apres cela ne voulut pas,
qu'ils operassent la moindre chose? Ou qu'il
ne pût pas leur departir la moindre ombre de
vertu? Ceux-là mesmes, qui ont cru, que l'U-
nivers s'étoit formé par hazard; que la structure
de chaque cause, & l'enchaînement de toutes
ensemble, estoient des effets purement fortuits;
quand ils ont contemplé cette structure & cet
enchaînement, en ont admiré la puissance, les
effets: & bien loin de nier qu'elles produisissent
rien; au contraire ils ont sur leur seule figure,
& leur seul arrangement, parfaitement bien jugé de la condition des effets, à la production desquels elles estoient destinées. Nous disons donc
pour la premiere chose, que les causes secondes
sont ornées en elles mêmes de differentes facultez, qui quelque fois sont distinguées de leur
essence, & quelque fois ne le sont pas, suivant
la nature de ces facultez. 2. Qu'ayant esté enri-
chies de ces facultez, quelque fois elles les exercent, & par fois ne les exercent pas, selon qu'elles sont causes libres ou necessaires. Et enfin
qu'en agissant elles obtiennent quelques fois
immediatement leur effet, & quelques fois ne
l'obtiennent pas; mais que toûjours de leur action il resulte quelque evenement, auquel on
peut

peut dire veritablement qu'elles concourent, plus ou moins selon l'estenduë de leur puissance. Nous ne nions pas que souvent il ne s'en trouve entre elles quantité, qui ne sont que causes occasionnelles ; mais nous soûtenons aussi, qu'il y en a une infinité de réelles & de physiques. Voila quelle est nôtre opinion.

Quant à la source de l'efficace, que nous leur donnons ; nous ne contestons pas que leurs facultez ne viennent de la puissance de Dieu, qui les leur a departies, que leurs actions aussi ne procedent de sa volonté, qui les meut quand elles agissent ; en un mot, qu'il ne leur departe la mesure d'efficace qu'elles ont, & consequemment que tous leurs effets ne puissent luy estre attribuez, dans tout ce qu'ils ont de positif & de réel, comme à leur premiere cause. Nous avoüons tout cela volontiers, & si nos Adversaires n'en demandent pas davantage, nous voila pleinement d'accord. Mais d'autant que ces facultez, que nous leur attribuons, sont quelque chose tres-réel, & tres-positif ; & que ce *quelque chose* n'est pas en Dieu, mais en elles ; parce qu'entre deux, ou plusieurs de ces facultez, nous remarquons evidemment des differences tres-considerables, au lieu qu'en Dieu, qui est un Estre souverainement simple, nous ne voyons pas la moindre ombre de diversité ; pour cette raison & plusieurs autres, que nous deduirons dans la suite, nous ajoûtons, que nonobstant cette grande & vaste puissance de Dieu, laquelle s'estend à tout, il faut aussi en reconnoître dans les creatures, qui leur soit propre & particuliere.

 Pour

Pour ce qui est de l'action des mêmes facultez, nous soûtenons pareillement qu'elles en
ont, parce que nous en remarquons en elles,
qui leur est tellement particuliere, qu'elle ne
convient point à Dieu. Elle en descend à la verité, comme de sa premiere source, mais de cette souveraine source elle passe tellement aux
causes inferieures, qu'on ne peut nier qu'elle
ne leur appartienne. Il en est à peu prez comme
de la chaleur du Soleil, qui de cet astre est transmise dans les cieux,ou dans l'air. On dit bien à la
verité,que c'est la chaleur du Soleil,parce qu'elle
en procede;mais du moment qu'elle est communiquée à ces corps inferieurs, elle leur appartient ; & si elle brûle, ou eschauffe quelque
sujet, ces effets doivent estre aussi-tôt imputez
aux cieux & à l'air, dont ils procedent immediatement, qu'au Soleil, qui en est la cause es-
loignée. Nous disons la même chose des actions
des creatures, puis qu'elles viennent de Dieu,
comme de leur premiere origine,on peut volontiers les luy attribuer, mais du moment qu'elles
ont passé à elles, on peut aussi asseurer, que ce
font leurs actions : veu sur tout, que si on considere de pres, ce que c'est qu'action dans les
creatures, on ne trouvera rien en Dieu de semblable. Et en effet,qu'on considere leurs actions,
il n'en est point, qui ne soit pensée, ou mouvement local. Tous les nouveaux Philosophes en
conviennent, & je desie qu'on puisse y en marquer distinctement quelque autre. Or en Dieu
il n'y a point de pensée, d'inclination, ni de volonté,tant soit peu approchantes de ce que nous
sentons en nous : Il n'y a pas non plus de mouvement

vement local , tel que nous le voyons dans les
corps.   Et ainsi s'il y a dans l'Univers pensée &
mouvement , il faut qu'il soit dans les causes secondes. Lors que nous concevons que Dieu agit,
nous nous imaginons bien à la verité , qu'il y a
en luy quelque chose qui approche de nos volontez, ou des mouvemens des corps, sans quoy
nous ne saurions nous figurer qu'il agisse ; mais
c'est un effet de nôtre foiblesse & de nôtre ignorance, qui ne connoissans point d'autre maniere
d'agir, supposent grossierement qu'il agit de l'une
ou de l'autre.   Cependant c'est la derniere folie
de croire , qu'il y ait en luy de semblables modifications : car s'il y en avoit, comme ce sont
des qualitez changeantes & passageres, il seroit
sujet au changement & à l'alteration, ne plus ne
moins que les plus viles creatures ; ce que la souveraine perfection de son Estre ne peut du tout
permettre.   S'il y a donc de la pensée & du
mouvement dans le monde , diversité de jugemens & de volontez, transport de choses d'un
lieu à un autre , comme mille & mille experiences le font voir ; il faut de necessité que tout cela
appartienne aux causes secondes , exclusivement
à la premiere , qui n'en est pas susceptible.

Que si elles sont doüées de vertus pour agir,
& que ces vertus ensuite se deploient par quelque mouvement , nous ne voyons pas qu'on
puisse leur refuser de l'efficace ; parce qu'il en
resulte une infinité d'effets , qui ont une parfaite proportion avec elles.   Hé ! que veut-on
davantage dans une cause , pour luy ottroyer de
l'efficace ? Elle a la faculté d'agir, elle la deploye
dans les occasions , la deployant il en resulte un

effet, cet effet luy est proportionné. Si son action
est une pensée, cette pensée en fait naître une autre dans le même sujet, ou dans quelque autre
different. Si un mouvement local, il en produit
un autre pareil. Tout cela necessairement, tout
cela d'une maniere sensible, tout cela evidemment. Si apres cela on luy refuse de l'efficace,
je ne vois pas ce qu'on demande dans une cause,
pour luy en ottroyer. Puis donc que toutes ces
conditions se rencontrent manifestement dans
les creatures, on ne peut leur contester leur efficace. Tout le monde avoüe que Dieu est une
veritable cause. D'où vient qu'on en juge de
cette maniere ? C'est sans doute, parce qu'il a
la puissance d'agir ; qu'il la deploye en diverses
occasions, que la deployant il en resulte une infinité d'effets, qui sont parfaitement proporti-
onnez à sa puissance, & à la mesure de son action ; & qu'apres tout encore on voit evidemment, qu'ils ne peuvent venir d'ailleurs. On
remarque clairement toutes ces qualitez dans
les creatures : par consequent, si on donne à
Dieu de l'efficace, quand il agit, il en faut accorder aux creatures.

Mais, dira-t-on, la cause premiere commence le mouvement, & les autres, qui luy sont
sous-ordonnées, ne font que suivre l'impression,
qu'elles en ont receuë ; & même, si elle n'in-
fluoit necessairement & en elles, & en leurs
effets, toute leur pretenduë activité mourroit
incontinent. Elles sont donc plutôt des instrumens passifs sous sa main, & sous sa direction,
que des principes agissans. Il est vray, que la
cause premiere commence ; mais les autres
pour-

poursuivent : Qu'elle imprime en quelque façon le mouvement , & que les autres ne suivent
que l'impression qu'elle leur donne ; mais elles
ne laissent pas pour cela d'agir apres elle, & sous
elle : Que, si elle suspendoit pour un moment
son influence , leur action seroit incontinent
éteinte ; mais toûjours, tandis qu'elle la leur
fournit, il est constant qu'elles operent. Il est
vray encore, que si on suppose, qu'avant qu'elle
les excite à agir , elles n'avoient aucun mouvement , & qu'on les considere en cet état, & dans
le premier moment qu'elle les meut , on peut
dire qu'elles sont des organes purement passifs
en sa main. Mais aussi supposez d'autre côté,
comme on doit necessairement le faire quand
il s'agit des causes secondes, qui sont déja en action ; supposez, dis-je, qu'avant qu'elle les determine à tel ou tel effet, elles agissent déja par
la force & par le mouvement qu'elles en avoient
obtenu auparavant , & je suis assuré que les considerans en cet état, elles vous paroîtront des
causes actives & agissantes. Et ainsi toutes ces
raisons qu'on allegue pour les depoüiller de leur
efficace , bien loin de la ruïner, la prouvent
& l'authorisent.

On ajoûtera peut-être encore, que quant elles
auroient quelque vertu, on ne voit point de liaison necessaire entre cette vertu & les effets, qu'on
luy attribuë. Que quelque attention qu'on fasse
là-dessus, on n'y remarque point de suite inviolable. Mais qu'est-ce que vertu, je vous prie,
sinon la puissance de produire quelque effet ? Si
Dieu en a departi quelque mesure à un sujet , &
qu'il ait ordonné qu'il produise son effet , &

qu'en suite on voye cet effet en proceder, peut-
on dire apres cela, qu'on ne remarque point de
liaison entre l'un & l'autre? Si on n'y en aperçoit
pas, je ne sçais point où c'est qu'on en remar-
quera. Il y a de la proportion entre un agent &
un effet ; nos sens & nôtre raison nous la representent clairement. Le Souverain Arbitre de
toutes choses, dont la Sagesse est admirable, &
la Puissance infinie, a establi cette proportion
entr'eux : Elle n'y paroît pas seulement, mais
de plus sur cette proportion il a arresté positivement, que cet agent concourroit à la production de cet effet : En suite de cet establissement
& de cet arrest inviolable, on remarque non
seulement une ou deux fois, mais mille & mille, que cet effet procede de cet agent. Je ne
sçai ce que c'est que liaison, suite, connexion,
s'il n'y en a pas entr'eux.

Que veut-on davantage? On nous dit qu'on
voit fort bien entre la volonté de Dieu, souhait-
tant quelque evenement, & cet evenement qu'il
souhaitte, une suite necessaire ; parce que cette
volonté est souverainement puissante, & que
rien ne luy peut resister : mais que pour ce qui
est des actions des creatures, on ne voit pas la
même liaison entre elles & leurs effets. Mais
je demande, la volonté de Dieu n'intervient-elle
pas quand les causes secondes agissent, aussi bien
que quand il agit seul ? posons-nous qu'elles a-
gissent sans elle ? n'est-ce pas elle qui a disposé
leur enchaînement pour agir, & qui l'ayant
establi, a preordonné leurs effets ? qui
influë avec elles ? Si lors qu'elle agit seule
elle obtient necessairement les effets qu'elle se

proposé,

proposé ; agiſſant avec elles , & les emploiant
pour l'execution de ſes deſſeins , ne les obtien-
dra-t-elle pas tout de meſme ? leurs facultés &
leurs actions ,qui leur ont eſté données pour produire des effets , & qui deplus dependent abſolument de cette volonté empeſcheront-elles ſon
efficace ? je ne penſe pas qu'on le diſe. Si elles
agiſſoient ſeules , comme peut-eſtre , elles n'auroient pas en cet eſtat toute la proportion requi-
ſe avec les evenemens , qu'elles produiſent ſous
la premiere cauſe ; on auroit quelque raiſon de
douter de leur efficace ; mais agiſſant ſous une
puiſſance infinie , qui les employe pour executer
ſes ordres , on ne peut la revoquer en doute.

Au reſte , quand nous leur accordons quelque
action , outre que nous avons peine à conſentir,
qu'on la diſtingue de celle de la cauſe premiere ,
à laquelle elles ſont eſſentiellement ſoûmiſes ,
nous ne pretendons pas l'egaler à la ſienne.
Elles ont de la vertu , mais elle eſt extremement
bornée. Nous ſçavons quels ſont les excez &
les extravagances de quantité de Scholaſtiques
ſur ce ſujet , qui s'imaginent que pourveu-que
Dieu donne aux creatures la puiſſance d'agir ,
elles peuvent d'elles-mêmes operer toutes les
merveilles , que nous remarquons dans ſa nature ; & deplus , qu'il n'eſt point d'effet ſi eſlevé au
deſſus de leurs forces naturelles, à la production
duquel elles ne puiſſent effectivement operer
avec Dieu ; que, par exemple , une choſe peut
eſtre employée à la production d'elle-même,
apres qu'elle a eſté entierement deſtruite , &
concourir réellement à ſon reſtabliſſement ;
qu'un corps peut ſervir à la creation d'un eſ-

                    prits

prit ; qu'une substance de quelque ordre, qu'elle
soit, peut en qualité de cause principale en tirer
du neant une autre infiniment plus parfaite ; &
autres telles reveries : nous n'ignorons pas tous
ces excez, mais nous en sommes extremement
esloignez. Voici les bornes que nous donnons
à leur puissance.

Tout ce que nous connoissons dans le monde
est esprit, ou corps, modification d'esprit, ou
modification de corps. Il ne nous paroît rien
du tout, qu'on ne puisse rapporter à un de ces
quatre chefs. Pour ce qui est des esprits & des
corps, comme ce sont des substances simples,
qu'on ne peut produire que par creation ; nous
ne croions pas qu'aucun esprit fini, ni aucun
corps, puissent réellement concourir à les tirer
du neant ; dautant que ni l'un ni l'autre ne peuvent estendre leur puissance sur le rien, pour en
tirer quelque substance. On nous objectera
peut-estre, qu'il ne paroit pas de repugnance à ce
que Dieu, qui est infini en vertu, & admirable
en moyens, se serve de la volonté d'un esprit,
pour en creer un autre, pourveu qu'à la vertu,
qu'il possede naturellement, il ajoûte, comme
il le peut sans difficulté, quelque degré de la
sienne. Mais quelque force qu'il luy communique, à moins qu'elle ne soit infinie, il n'est
pas possible qu'elle soit suffisante pour créer un
autre esprit. Car nous ne concevons point
qu'autre puissance, qu'une puissance infinie,
puisse créer & communiquer l'être à une chose,
qui n'en a pas la moindre ombre, & qui est en-
sevelie dans le neant. Et même aurions-nous
peine à comprendre, comme quoy la puissance

de

de Dieu, quoi qu'infinie, le peut faire, si nous
n'estions persuadez par la connoissance que nous
en avons, que pouvant une infinité de choses,
elle les peut d'une infinité de manieres differentes, dont il n'est pas possible que la creation ne
soit une.   Or rien de tout cela ne peut conve-
nir a un Estre fini, tel qu'est l'esprit, dont nous
parlons.   Sa puissance ne peut estre sans bornes,
sa maniere d'agir illimitée, son efficace infinie,
toutes ces prerogatives excedent infiniment sa
condition, & par consequent il est impossible,
qu'il concoure immediatement à la production
d'un autre esprit. Que s'il ne peut y concourir par
une vraye efficace, encore moins le pourra-t-il
à la creation d'un corps ; parce qu'il y a encore
plus de distance & de disproportion entre un esprit & un corps, qu'il n'y en a pas entre deux esprits, qui quoi que differens ont pourtant beaucoup de conformité. Au reste ce que nous disons
des esprits à l'égard des corps, nous le disons à
plus forte raison des corps à l'égard des esprits ;
parce qu'il n'y a pas seulement entr'eux une extreme disproportion ; mais que de plus le corps
est de sa nature tellement au dessous de l'esprit,
qu'il ne paroit pas possible, qu'il puisse rien contribuer à sa creation.

Mais bien qu'aucun esprit fini, ni aucun
corps, n'aient la vertu d'en produire d'autres,
d'autant que pour une telle production est requise une puissance sans bornes ; nous ne voyons
point de repugnance ni d'impossibilité à ce, que
l'un & l'autre produisent diverses modifications,
ou en eux-mêmes, ou en d'autres sujets. Et premierement quant à l'esprit, s'il est en action,

comme il y est toûjours, il n'y a point de difficulté à ce qu'il agisse sur luy-même, & forme
dans son sein differentes pensées. Et aussi tout
le monde avouë-t-il, qu'il n'en est point, qui ne
soit douë de liberté, & qui n'ait un tel empire sur
la plûpart de ses actions, qu'il peut les suspendre,
ou les continuer, selon qu'il le juge expedient.
Et quant on ne l'avouëroit pas, le sentiment
que nous avons de ce qui se passe dans nos ames,
est plus que suffisant pour en convaincre. Or si
un esprit peut agir sur luy-même, & que Dieu,
qui est le Souverain Arbitre de tout, ait bien
voulu luy donner cet Empire, il est fort vray-
semblable qu'il peut agir aussi sur tout autre esprit, pourveu que le mesme Arbitre de toutes
choses luy ait donné quelque puissance sur luy.
Qu'un Ange, par exéple, en aye quelques autres,
qui par un ordre particulier de la Providence, ou
par les loix de leur condition propre, luy soient
assujettis, s'il à quelque pensée, ou quelque inclination, assurément il en pourra exciter de semblables en eux : car, outre qu'il y a une parfaite
proportion entre les pensées qu'il formera dans
son cœur, & celles que nous pretendons qu'il
engendrera en eux, c'est que Dieu peut aisement
luy conferer quelque empire sur eux, & cet empire ne peut consister que dans la faculté & dans le
droit de les mouvoir à sa volonté, & de leur imprimer réellement les mouvemens, qu'il souhaitte. Nous ne sçavons pas bien à la verité, de
quelle maniere il y excitera ses pensées & ses inclinations, & les assujettira à sa volonté ; mais il
ne s'agit point icy de la maniere, il n'est question
que de la chose, qui nous paroit evidente. Cela

une.

une fois establi, supposons qu'au lieu d'Anges &
d'Intelligences, quelques corps luy soient soûmis par la mesme Providence, qui regle tout
avec une souveraine authorité, & qu'il veüille
produire en eux quelque qualité sensible, telles
que sont le mouvement, la figure, & semblables. Il nous semble qu'il le peut. Il est bien
vray, qu'entre la volonté d'un Ange, qui est la
seule vertu, par laquelle il peut agir, & le mouvement d'un corps, ou sa figure, il y a une terrible distance; cependant, comme elle n'est pas
infinie, il la peut surmonter : sans conter que
du moment, que nous supposons que ces corps
luy sont réellement sous-ordonnez, nous posons
qu'il peut agir réellement sur eux. Car nous ne
connoissons point d'autre subordination, que
celle qui consiste dans une dependance mutuelle
d'actions & de passions ; & nous ne pensons pas
qu'on en puisse imaginer d'autre. Un esprit
donc peut agir sur luy-même, sur d'autres esprits, & mesme sur des corps, & y produire réellement differentes qualitez.

Mais venons maintenant aux corps ; & tâchons, en suivant la methode que nous avons
suivie pour les esprits, de determiner aussi leur
efficace. La chose ne sera pas difficile. Qu'un
corps soit sans action & dans un plein repos, il
est absolument impossible, comme nous l'avons
déja remarqué, qu'il agisse, ni sur luy-même,
ni sur quelque sujet que ce soit ; parce qu'on ne
peut concevoir que d'un pur rien, tels que sont
le repos & l'inaction, procede la moindre chose.
Mais si une fois il a esté mis en mouvement par
une cause externe, qui l'aye animé, il conserve

luy-

luy-même son mouvement, & l'entretient pa[r]
sa propre vertu, jusqu'à-ce qu'un autre corps [se]
presente, & le luy oste. *Unum quodque perman[et]*
in suo statu, nous disent fort judicieusement le[s]
Nouveaux Philosophes, *quamdiu ab eo non dimo[-]*
vetur per aliud. Le second instant de son mou[-]
vement n'est pas seulement une suite du premier
mais de plus il en depend comme d'une espece d[e]
cause efficiente ; de sorte que si par la vertu de c[e]
mouvement il arrive quelque changement dan[s]
ce même corps, & qu'il s'y produise quelqu[e]
nouvelle qualité, on peut dire en quelque faço[n]
qu'elle en vient comme de sa veritable source[.]
Cette verité paroît sur tout, lorsque l'agent externe, qui a donné le premier mouvement à c[e]
corps, ne continuë plus à le mouvoir, & qu'i[l]
n'y en a point d'autre, qui luy succede pour sup-
pleer à son defaut : comme quand, par exemple,
une pierre est partie de la main de celuy qui la
jette, ou une bale du fusil qui l'a poussée, & que
cependant elles perseverent dans leur mouvement. On ne voit rien qui les pousse, neanmoins
leur mouvement continuë, & non seulemen[t]
continuë, mais de plus pour continuer doit necessairement estre renouvellé à chaque instant :
parce que telle est la condition des choses succes-
sives, que si à tout moment on ne les renouvel-
le, elles s'aneantissent aussi-tôt : quelle est, je vous
prie, la cause qui entretient ce mouvement dans
cette pierre ou dans cette bale, & le produit ainsi
à chaque instant ? Je ne vois pas qu'on en puisse
assigner d'autre, que les corps mesmes, qui se
meuvent, lesquels par la force du mouvement
qu'ils ont dans le moment qui precede, produisent

sent celuy qu'ils ont dans le suivant. On nous
dira peut-estre que, bien que nous ne remar-
quions point d'autres corps, qui agissent sur eux
pour entretenir leur mouvement; il faut pourtant en supposer quelques-uns; que l'air qui les
environne, ou quelqu'autre matiere encore plus
subtile le font; ou s'ils ne le font pas, que c'est
Dieu qui les meut immediatement. Mais jusques à ce qu'on nous ait marqué distinctement
ces corps, & qu'on nous ait montré la maniere,
dont ils continuent cette agitation, nous pren-
drons cette response pour une suite. Deplus
quels que soient ces corps pretendus, qu'on nous
suppose pousser cette pierre ou cette bale de fusil, puis qu'ils ne peuvent en mouvoir d'autres,
qu'eux-mêmes ne soient meus par une force
estrangere; nous demanderons aussi à leur egard,
d'où vient leur mouvement; & ainsi quelque effort qu'on fasse pour nous arrester, nous viendrons toûjours à quelque corps, qui continuera
son mouvement par sa propre vertu; à moins
qu'on ne veüille poser un progrez à l'infini.
Car, pour ce qui est de Dieu, qu'on pourroit
pretendre estre la cause immediate & seule de
tous ces mouvemens, il ne faut pas qu'on s'imagine nous esbloüir par là. Il s'agit d'un mouvement naturel, s'il y en a dans le monde; nous
en demandons la cause naturelle & physique, &
là-dessus on nous allegue Dieu. On nous prend
pour des souches. Nous ne doutons pas que
Dieu n'en soit la cause, mais il en est la cause
generale, premiere, & surnaturelle, & nous cher-
chons la cause particuliere, seconde, & naturelle.
Nous supposons que ce mouvement est pure-

ment

ment naturel, & on nous le change en un m
vement surnaturel & extraordinaire ; ne'st-ce
se moquer des gens ? Deplus, s'il à commer
d'une maniere naturelle, & par un agent ph
que, ne faut-il pas qu'il continuë de la me
maniere, & par les mesmes causes ; à m
qu'on ne veüille qu'il change de nature ? M
comme nous examinerons encore cette mati
dans la suite, nous n'y insistons pas d'avant
pour le present.

Au reste je veux qu'on ne puisse dire, q
quand un corps persiste dans le mouveme
qu'il a reçû d'une cause estangere, il contri
rien de sa part à l'entretenir, mais que le tout
pend de cette cause-là, ou de quelqu'autre s
blable ; toûjours nous paroit-il evident, que
corps en heurte un autre, & qu'en le heurtai
produise en luy du mouvement, & par le mo
de ce mouvement quelque figure, chaleur,
autre telle modification, il nous paroit dis
evident qu'il en est la veritable cause. Il a d
vertu, cette vertu se deploye par son mou
ment, de cette vertu & de ce mouvement r
sent des effets qui leur sont tout-à-fait prop
tionnez ; c'est assavoir du mouvement, des fi
res, & autres telles modifications ; peut-on
qu'il n'en soit le veritable principe ? Et qu'on
nous responde point, qu'on peut bien le dir
quelque façon, mais au fond qu'il n'en est qu
principe occasionel ; car puis qu'il à du mou
ment, & que le mouvement est une action r
le ; si on avouë qu'il en est en quelque manie
principe, il faut de toute necessité avoüer,
en est le principe réel & physique.

Mais passons enfin à l'efficace des corps sur les
esprits, & voyons si on peut leur en ottroyer encore quelque peu à cet egard. Les corps ne peuvent agir que par le mouvemét; au moins s'il est
question d'une veritable action : nous l'avons
toûjours supposé, & la chose nous paroit si evidente que nous ne pensons pas qu'on en puisse
douter. Les esprits d'autre côté ne sont capables
d'aucune modification qui ne soit quelque espece
de pensée ; connoissance, inclination, jugement,
doute, ou autre telle qualité. Or il y a une telle
distance entre ces deux sortes de modifications,
le mouvement & la pensée ; & de plus le mouvement est tellement au dessous de quelque pensée
que ce soit, qu'on ne voit gueres qu'il en puisse
estre une veritable cause. Il n'en peut-estre pas
impossible qu'il le soit ; car premierement pour
ce qui est de l'esloignement, qu'il y à d'un mouvement local à une pensée, s'il estoit un obstacle invincible à ce qu'un corps ne pût produire
réellement quelque pensée dans un esprit ; le
même eloignement empescheroit aussi absolument, qu'un esprit par sa pensée & par sa volonté ne produisit du mouvement dans un corps ; &
cependant il est certain, comme nous l'avons
justifié cy-dessus, que Dieu, & mesme les esprits bornez & finis, peuvent par leurs pensées
& par leurs volontez imprimer divers mouvemens dans les corps. Pour ce qui est en suite
de l'inegalité, qu'on remarque entre un corps
& un esprit, elle n'est pas non plus un obstacle
insurmontable, à ce que le corps agisse sur l'esprit. Il n'y a naturellement aucune subordination entre un esprit fini & un corps, au moins telle
qu'elle

qu'elle assujettisse les corps à l'action des esprits,
& neanmoins, nonobstant cette inegalité & cette disproportion, Dieu esleve de telle maniere
les esprits au dessus des corps, qu'ils peuvent les
mouvoir à leur volonté. Il peut aussi avec la méme facilité eslever les corps au dessus des esprits,
quoi qu'ils n'ayent naturellement aucun pouvoir
sur eux ; & que même ils soient infiniment au
dessous en dignité & en vertu, il peut, dis-je,
luy qui est maistre absolu des uns & des autres
assujettir quelques esprits à leur puissance ; & de
plus augmenter, s'il le faut, cette puissance à
tel point, qu'ils agissent effectivement sur eux,
& par leur action y produisent quelques pensées.
La chose ne nous paroît pas impossible. Mais
quoi qu'elle ne nous le paroisse pas, nous n'ose-
rions pourtant assurer, que dans l'état où sont
presentement les uns & les autres, les corps a-
gissent réellement sur les esprits, & soient les
veritables causes des pensées qu'ils y excitent par
leurs mouvemens. Il y a plus d'apparence
qu'ils n'en sont que des occasions ; & que c'est
la cause premiere, qui seule, suivant les loix
qu'elle a establies pour leur commerce mutuel,
en est le vray principe. Voila qu'elle est nostre
opinion touchant l'efficace des causes secondes,
& touchant son estenduë, avec quelques raisons
generales, dont on peut les appuier. Nous avons
dé-ja assés bien establi l'une & l'autre, il faut
pourtant les esclaircir encore davantage, & les
prouver plus amplement. Pour cet effet examinons premierement ce que les sens nous enseignent là-dessus, & jusques où nous pouvons les
ouïr sans danger.

CHAP.

CHAP. V.

Que les sens deposent en nostre faveur sur cette matiere, qu'ils y doivent être oüis, & jusques à quel point.

LA maniere d'agir de nos Adversaires est plaisante, comme nous l'avons dé-ja remarqué. Voyans que les Sens, tous les Sçavans, qui ont parlé de ces matieres, l'Ecriture Sainte, les lumieres de la raison ; en un mot, toutes les sources, dont on peut tirer des preuves pour ruïner une opinion, leur sont contraires, ils voudroient bien qu'on ne s'en servît point contre eux.   C'est pourquoy il n'est rien qu'ils ne fassent pour rendre toutes ces authoritez suspectes, & invalider leur tesmoignage. Ne croyez rien, nous disent-ils, de ce que les sens vous rapportent touchant la vertu des causes secondes ; car outre que leur tesmoignage est extremement confus, c'est qu'ils sont interessez en cette rencontre, & que la douceur des objets sensibles les corrompt.   Defiez-vous de ce que les Philosophes en ont asseuré jusques icy ; car il en est peu, qui ayent bien examiné ces matieres. Ne vous laissez pas surprendre aux expressions de l'Ecriture Sainte, car elle parle ordinairement sur ce sujet, comme le peuple en juge. Vôtre raison mesme en cette occasion vous abusera infailliblement, si vous n'y prenez garde ; d'autant qu'elle est prevenuë par vos sens. Mais posez les mesmes principes que nous, philosophez à nostre maniere, & sur tout consultez avec nous la Sagesse Eternelle par vôtre attention & vos

prieres,

prieres, & entrans dans le fond de vos cœurs,
escoutez la tranquillement ce qu'elle vous en re-
velera, & vous avoüerez alors qu'il n'y a que
Dieu seul dans toute l'estenduë des choses, qui
ait de la vertu pour agir. Vous avez à la verité de
tout autres sentimens là-dessus, *mais vous ne
donnez là-dedans, que par des prejugez, dont
il est presque impossible de se delivrer sans les
raisons, qu'on tire des principes d'une Philosophie, qui n'a pas toûjours esté assez connuë.*
Voila à peu pres le langage qu'ils tiennent.
Mais par malheur il n'est personne, qui soit capable de ce detachement & de cette eslevation
qu'ils demandent ; qui puisse renoncer au tesmoignage de tous ses sens dans une matiere, qui
leur est si evidente : se defier du jugement uni-
versel de tous les hommes, pour les oüir eux
seuls ; estouffer toutes les lumieres de sa raison,
pour s'attendre à je ne sçai quelles revelations
celestes. Nous ne pensons pas qu'ils trouvent
des gens assez simples pour le faire ; & ainsi il est
à craindre qu'ils auront peu de Disciples. Pour
nous, nous avoüons que nous n'avons pas assez de
force pour cela, & quant même nous en aurions,
asseurement nous ne nous depoüillerions pas de
nos sens & de nôtre raison, pour les suivre dans
leurs abstractions plus que metaphysiques , &
pour nous attendre à leurs oracles. Dieu nous
a donné à tous certaines facultez, pour connoître la verité des choses, qui sont les sens & la
raison ; cette mesme verité il nous la presente
dans l'Univers, dans les ecrits des Sçavans, &
dans les Livres qu'il nous a laissez par le Mini-
stére des Prophetes & Apôtres ; nous ne pensons

us qu'il la faille chercher ailleurs , ni employer
pour cet effet d'autres facultez que celles-là. Il
est bien vray qu'elles ne sont pas infaillibles dans
toutes leurs actions , mais aussi est-il impossible
qu'elles nous trompent universellement en toutes, à moins qu'on ne veuille accuser la Providence d'une noire malignité envers nous , & la
charger de tous nos erreurs, & de tous nos desordres, puis qu'elle nous auroit ottroyé pour
nous conduire dans la connoissance de la vertu &
de la verité des facultez à qui il seroit impossible
de le faire. Il y a donc de la prudence à s'en servir dans les occasions , pourveu qu'on le fasse
avec circonspection.   Et pour ce qui est des sens
en particulier, nous ayant esté ottroyez pour le
discernement des choses corporelles , & mesme
ne pouvans les connoître sans leur secours, ce
seroit le dernier aveuglement de ne vouloir pas
les ouïr sur le sujet, dont il est icy question , puis
qu'il est sensible & materiel, qu'ils en sont les
vrais juges , & que mesme tres-souvent il n'y
à qu'eux, qui en puissent juger.

Au reste quand nous parlons des sens, chacun sçait assez ce que nous entendons par là;
neanmoins pour mieux comprendre la force de
leur tesmoignage, & jusques où on peut les ouïr,
il est à propos d'expliquer un peu leur nature,
leurs objets, & principalement leur maniere d'a-
gir. Ces considerations nous fourniront des
preuves incontestables de la fidelité de leurs de-
positions. Les sens donc sont des facultez que la
nature nous a departies , pour recevoir l'impression des objets materiels, en former les idées, &
puis en juger suivant la qualité de ces idées & de

ces

ces impressions : si bien qu'en chacun d'eux, il
y a deux choses ; sçavoir l'organe, qui reçoit les
actions des objets, & les envoye au cerveau, &
puis en suite la puissance de l'ame, qui sur ces actions en forme les images, & en prononce. Il
se trouve à la verité plusieurs Philosophes, qui ne
veulent comprendre dans les sens que les organes, qui reçoivent l'impression des objets, &
pour le reste ils le rapportent à la raison & à l'intelligence ; que si quelques uns d'entre-eux les
estendent un peu davantage, & leurs attribuent
aussi la vertu de former les idées des objets, ils ne
veulent pourtant point qu'ils en jugent ; parce-
que s'ils en jugeoient, ils auroient quelque liberté dans ces jugemens, & ils ne veulent pas qu'il
y ait rien en eux, qui ne soit purement naturel
& necessaire. Mais il importe tres-peu, quelle
estenduë on leur donne, parce-que tout ce
qu'on leur retranchera, il faudra necessairement
le donner à la raison, qu'on mettra en leur place, pour juger des objets, qu'ils luy auront presentez ; de sorte que si vous ne les escoutez eux-
mesmes deposans de la condition & des qualitez
de ces objets, il faudra ouïr la raison en leur place, qui en prononcera tout de mesme qu'ils eussent fait, s'ils en avoient jugé. Pour nous, nous
leur donnons l'estenduë que nous avons mar-
quée ; & voulons qu'ils reçoivent les impressions
des corps, qui nous frappent, en forment l'idée,
& en prononcent. C'est de cette maniere qu'en
parle le vulgaire, qui dit ordinairement que les
sens sont frapez par la presence des objets ; qu'ils
les connoissent, qu'ils en jugent, & autres telles
choses. C'est encore de cette façon que les Philosophes

losophes les plus habiles les prenent, comme
on le peut voir dans Ciceron : *Nos enim*, dit-il,
ne nunc quidem oculis cernimus ea, quæ videmus.
Neque enim est ullus sensus in corpore ; sed, ut non
solùm Physici docent, verùm etiam Medici, qui
ista aperta & patefacta viderunt, viæ quasi quæ-
dam sient ad oculos, ad aures, à sede animi perfo-
rata. Itaque sæpè aut cogitatione, aut aliqua vi
morbi impediti, apertis atque integris oculis & au-
ribus, nec videmus, nec audimus ; ut facilè in-
telligi possit animum & videre & audire ; non eas
partes, quæ quasi sunt fenestræ animi ; quibus ta-
men nihil sentire queat mens, nisi id agat, & ad-
sit. Mais, comme nous l'avons dé-ja insinué,
il importe tres-peu, sur-tout pour le sujet, que
nous traittons, qu'elle estenduë on leur donne.
Soit qu'ils ne fassent que recevoir l'impression
des objets, & que la raison les connoisse puis
apres, & en juge ; soit qu'apres l'avoir receuë
ils les connoissent eux-mesmes, & en prononcent ; tout nous est indifferent : parce que,
comme nous avons dit, tout ce qu'on leur ôtera,
il faudra le rendre à l'intelligence, qui agira en
leur place. Mais il y a deux choses dans leur
deposition, qui nous sont extremement importantes, & qu'on ne nous conteste point. La premiere est, que tout objet materiel est de leur jurisdiction, & qu'ils peuvent en prononcer ;
pourveu qu'il ait assez de force pour esbranler
leurs organes ; & que de plus ils ne peuvent en
appercevoir aucun, ni en juger, qu'il ne soit
present, & n'agisse sur eux. Car si la chose
estoit autrement, nous serions eternellement
dans l'erreur, & toutes nos sensations ne se-

C

roient

roient que pures illusiõs; dautant que jamais nous
ne formõs la notion d'aucun objet par l'ëtremise
des sens, que nous ne jugions qu'il est present, &
qu'il nous frappe, & que même nous ne tâchions
aussi-tôt de l'esloigner, ou l'approcher selon
que nous l'avons jugé contraire, ou favorable.
Voila ce que personne ne conteste, comme aussi
on ne le peut.   Or si les causes secondes ont
quelque efficace, principalement celles qu'on
nomme naturelles, comme elles ne l'ont que
par le mouvement, il est constant qu'ils en sont
les Juges naturels ; parce qu'il n'y a rien de plus
sensible que le mouvement, & que mesme on
ne peut absolument rien sentir, que par son entremise. Si elles ont donc quelque vertu, ils en
sont des Juges competens. Deplus s'ils assurent
qu'elles en ont, il faut necessairemét qu'elles en
ayent, puis qu'ils ne les cõnoissent point ni n'en
jugent qu'elles ne soient actuellement presentes
& qu'elles n'agissent effectivement sur eux. La
seconde chose qu'on remarque dans leurs fonctions, c'est que tout y est naturel, tout y est necessaire, & tout indispensable ; soit qu'ils soient
esmeus par les sujets qui les frapent, soit qu'ils
en forment les idées, soit enfin qu'ils en decident. Toutes ces actions sont absolument necessaires. Si ces sujets, dis-je, font quelque
impression sur eux, comme ils la font necessairement, aussi les sens la reçoivent-ils indispensablement. Si par le moyen de cette impression
les mesmes sujets excitent en eux quelques
idées, elles y sont aussi excitées naturellement,
& les sens n'en sont point les maîtres. Si sur
ces idées les mesmes sens en jugent, ce jugement

ment encore est tout-à-fait naturel. Le tout se
fait par un enchaînement inviolable & sacré.
D'où nous tirons encore une autre preuve con-
vaincante de la verité de leur tesmoignage. Car
s'ils ne peuvent, qu'ils ne reçoivent l'action des
objets, telle qu'elle leur est imprimée ; que
l'ayant receuë ils ne la sentent & n'en jugent
selon le mouvement qu'elle a produit en eux ; il
n'est pas possible, que le jugement qu'ils en portent, ne soit fidelle & veritable. Ce n'est pas
qu'il ne puisse estre defectueux en quelques circonstances, & il ne l'est que trop souvent ; mais
dans la substance, & dans le fonds, il ne trompe
jamais. Il n'est point d'objet si simple, qui ne
soit toûjours revestu de quantité d'accidens & de
modifications, qui, quoi qu'elles frapent l'esprit, aussi bien que la substance & le fonds de
l'objet, neanmoins comme elles n'y font pas
une si forte impression, aussi les sens se trompent-
ils souvent dans la representation ou dans le jugement qu'ils en font ; mais pour le fonds de
l'objet ils sont toûjours fideles à nous le representer ; & en nous assurant que quelque sujet
agit sur eux, qu'il est tel, ou tel en general, ils
n'errent point du tout.

Pour ce qui est mesme des particularitez, dans
le jugement desquelles ils peuvent errer, nous
avons encore plusieurs moyens tres-seurs, pour
les garentir d'erreur ; qui sont d'employer plusieurs sens pour attester d'une verité ; de considerer si leurs perceptions sont claires & evidentes, si elles ne varient point, mais sont constan-
tes & uniformes. Car lors que toutes ces conditions se rencontrent, leur tesmoignage ne peut

estre

estre trompeur.   Et en effet , supposons que les
sens de la veüe , de l'oüie, & du toucher , nous
attestent unanimement que tels , ou tels corps
se meuvent ; que toutes les fois que nous les
employons pour nous en informer , ils nous le
disent sans aucune variation; que tous trois nous
le representent sans aucune obscurité , & sans
aucun nuage : tout cela supposé, s'ils nous trom-
poient , je ne vois pas sur qui on rejetteroit cet
erreur, si ce n'est sur la Nature & sur Dieu ; puis-
que usans de ces facultez , comme ils nous l'or-
donnent , & employans toutes les precautions
possibles pour nous en garentir , cependant il
seroit du tout impossible de le faire.   Or il n'y a
pas d'apparence d'en venir à cette impieté , que
de charger Dieu de nos egaremens : & ainsi il
faut conclure que le tesmoignage de nos sens
dans ces circonstances & dans ces précautions est
fidele & assuré.

Pour appliquer maintenant tout ceci à nostre
sujet , qu'on voye de quelle nature est l'efficace
des causes secondes , & de quelle maniere les
sens en attestent ; & je suis assuré qu'on ne dou-
tera pas le moins du monde de la sincerité de
leur tesmoignage là-dessus. On dispute , par
exemple , si le Soleil respand effectivement de
la lumiere dans les cieux , & dans l'air , qui de là
passant à nos yeux y imprime quelque mouvement, par le moyen duquel nôtre ame puisse appercevoir distinctement l'action de ce grand
astre, & en juger seurement ; ou si tout cela n'est
qu'apparent , & que ce soit Dieu , qui à la presence du Soleil respande cette lumiere dans l'air,
qui seul imprime ce mouvement dans nos yeux,

qui

qui seul en excite la notion dans nos ames, sans
que cet astre, l'air, nos yeux, ni nos ames y deployent aucune efficace réelle. Voila ce dont il
s'agit. On ne demande pas en particulier, comment c'est que cette lumiere procede du Soleil,
de quelle maniere elle est transmise de là jusques
à nos yeux, & les penetre pour aller à nos cer-
veaux, où est l'ame; comme quoi l'ame en forme l'idée dans son sein : Toutes ces particularitez ne sont point en question, il suffit qu'on
sçache si le Soleil, l'œil & nos ames ont icy quelque efficace physique ; je demande en conscience
si cette matiere n'est pas de la jurisdiction de la
veuë, & si elle n'a pas le pouvoir & le droit d'en
juger ? Supposons qu'on ne puisse l'apprendre
d'elle, de quel autre endroit est-ce, je vous prie,
qu'on le pourra apprendre ? nous n'avons point
d'autre faculté dont nous le puissions sçavoir.
Que si elle peut donc nous en instruire, comme il ne faut pas en douter, escoutons un peu
ce qu'elle nous dicte là-dessus. Ne nous repre-
sente-elle pas dans la derniere evidence, que c'est
le Soleil qui nous éclaire, que c'est luy, qui
de sa lumiere frape réellement nos yeux ; que
nos ames l'aperçoivent veritablement, qu'elles
en jugent, qu'elles en prononcent, en un mot
qu'en tout cela, cet astre, nos yeux & nos ames ont
une veritable action. Si toutes ces veritez ne
nous sont pas sensibles, claires & evidentes, je ne
vois pas ce qu'on peut appeller sensible & evident.

Mais passons de la veuë à l'oüie. L'objet de
ce dernier sens est le son, & il n'est que luy seul
qui en puisse juger. Voyons un peu ce qu'il nous
en dit. Qu'on lasche un coup de canon à quel-

que diſtãce de nous, & qu'à travers les corps, qui
nous environnent, cette tépête ſoit portée à nos
oreilles , & les ayant penetrées pour venir à nos
ames, y excite une vive perception de cette qualité. Que nous repreſente ce ſens en cette occaſion ? Ne nous atteſte-t-il pas avec la derniere
force qu'un canon la produite ? qu'il l'a envoyée
à nos oreilles avec une telle violence qu'elles en
ont eſté eſtourdies?que nos ames en ont eſté ter-
riblemét frappées? que nonobſtãt cet eſtourdiſſe-
mét & cette furieuſe eſmótion elles en ont pourtant formé l'idée & le jugement? & perſuaderez-
vous jamais à des gens , qui ont eſté eſtourdis
d'un tel coup , que ce ſoit un effet imaginaire à
l'egard de ce canon ? qu'il n'ayt point effectivement frapé leurs oreilles, ni leurs eſprits ? qu'eux
mêmes aient été immobiles en tout cela,&qu'ils
n'ayent nullement agi pour reſſentir ce même
coup ? en un mot, que Dieu ſeul ayt tout operé
en cette rencontre, ſans qu'aucune cauſe ſeconde y ait contribué le moins du monde. Je ne
penſe pas que vous le puiſſiez , quant meſme ces
perſonnes demeureroient eternellement dans
leur étourdiſſement & dans leur ſurpriſe.

Mais ſouvenons-nous, comme nous l'avons
dé-ja remarqué au ſujet de la veuë , qu'il ne s'a-
git pas icy de ſçavoir, de quelle maniere ce ſon
s'eſt repandu & dans l'air & dans les autres corps
circonjacens ; comme quoy il a frappé nos oreilles,& a percé juſqu'à nos eſprits ; comment nos
eſprits eux-mêmes en ont formé la notion , &
qu'elle en eſt la nature ; qui ſont des choſes, qui
ne ſont peut-eſtre pas de la juriſdiction des ſens.
Il ne s'agit point de cela. Tout ce , dont il eſt
queſtion

queſtion, eſt, ſi le canon, l'air, l'oreille, l'ame
ont agi en cette rencontre; rien d'avantage.
Or nous ſoûtenons qu'ils y ont agi, & que
l'oüie nous l'enſeigne dans la derniere evidence.

Nous pouvons aſſurer la même choſe du toucher. Ses objets ſont le chaud, le froid, la pe-
ſanteur, la legereté & ſemblables. Lors qu'il
nous inſtruit de ces qualitez ſenſibles, ſa depoſi-
tion eſt tout à fait conforme à celle des autres
ſens. Que quelque feu nous eclaire, nous
eſchauffe, ou nous brûle; ce ſens nous repreſente ſi nettement que toutes ces actions viennent de luy, que nous en ſommes meus, que
nous reſſentons ces eſmotions, jugeons qu'elles
nous ſont favorables, ou nuiſibles, qu'il n'y reſte pas le moindre doute.

Nous diſons le meſme de l'odorat & du goût.
Leurs teſmoignages ne ſont pas moins exprez
& formels ſur cette matiere, que ceux des autres
ſens. Qu'on mette quelque liqueur acre & pi-
quante ſur la langue, ou qu'on preſente au nez
une odeur forte, l'une & l'autre poignent ſi vi-
vement ces organes qu'il n'eſt pas poſſible qu'on
ne les reſſente auſſi-tôt, & qu'on ne ſoit perſuadé
qu'elles ont produit ces effets, qu'on les reſſent
effectivement, & qu'on en juge. Et vous auriez
beau raiſonner contre ces experiences, vous
n'ôteriez jamais ces perſuaſions de l'eſprit; que
ces effets viennent de ces qualitez, que nous en
ſommes ſenſiblement touchez, que nous connoiſſons bien ce que c'eſt, tant ces jugemens
ſont naturels & immuables. Jugez maintenant
s'il y a du préjugé & de l'erreur dans e teſmoi-
C 4   gnages.

gnages des sens, pourveu qu'on les resserre dans
les bornes que nous avons marquées, & qu'on
ne les escoute que sur l'efficace des causes secondes, puis qu'ils sont si naturels, si constans,& si
uniformes. Si jamais on a fait le moindre usage
de ces facultez, asseurement on ne peut tenir
leur jugement pour suspect en ces matieres.

Si nous n'avions à faire à des personnes, qui
font profession d'en bannir tout usage, & qui,
bien qu'ils soient revêtus de corps côme les autres, neanmoins raisonnent & agissent dans ces
corps à la façon des Anges,au moins si nous les en
voulons croire ; nous nous arresterions là ; parce
que nous ne voyons pas qu'il y ait de replique
aux raisons que nous avons alleguées, ni qu'il
soit necessaire d'en ajoûter d'autres. Cependant
nous en ajoûterons encore quelques unes, parce
que ces Messieurs font profession, comme nous
avons dit, de peu deferer aux sens ; au reste nous
les tirerons de leurs principes. Et aussi ne dou-
terons-nous pas qu'ils ne les escoutent ; car
ils sont assez disposez à s'escouter, & peu les
autres.

Lors qu'ils nous parlent des principes, sur
lesquels il faut fonder la Physique, ils nous ren-
voyent à l'experience, ne jugeans pas qu'il y en
ait de plus propres, ni de plus seurs, que celuy-
là, pour penetrer les effets de la nature & leurs
differentes causes. Je voudrois bien sçavoir ce
que c'est que l'experience, si elle n'est pas le
tesmoignage des sens. De leur aveu donc & de
leur consentement il faut ouïr leur tesmoignage
sur la vertu des causes secondes. Car de nous
dire, que dans cette Science & dans les autres

sembla-

semblables , on n'a pour but que d'expliquer
quelles sont les causes occasionnelles des effets ,
dont on traitte , il n'y a pas d'apparence. Les
causes occasionnelles ne sont que des causes apparentes ; on n'auroit donc pour but dans ces
sciences , que de sçavoir l'apparence des choses
sans se mettre en peine de leur realité. En verité
ces Messieurs, qui se piquent de penetrer si avant
en tout , & qui font profession d'une si grande
exactitude, & d'une si grande solidité , ne se
proposent-ils que des ombres dans toutes leurs
recherches ? Nous avons trop bonne opinion
d'eux , pour croire qu'ils s'en contentent. Ce
n'est pas qu'ils ne nous disent * dans leurs Ouvrages, que lors-qu'on voit quelques corps , le
Soleil , par exemple , nôtre veuë ne penetre
point jusques à eux , & qu'on n'en apperçoit que
l'idée , que l'Essence Divine nous en presente ;
mais je ne pense pas qu'ils veuillent qu'on pren-
ne ces termes à la rigueur , comme si en con-
templant les choses , nous n'en voyions que les
ombres. Quoy qu'il en soit , nous les croyons
trop clair-voyans , pour ne se repaître que de
vray-semblances & de probabilitez. Concluons
donc que dans les Sciences on cherche autre
chose, que les causes apparentes des effets qu'on
y examine. On nous repondra peut-estre encore , que si la maniere d'agir des creatures n'est
qu'apparente, celle dont Dieu opere à leur presence,est tres-réelle ; & que c'est cette derniere
qu'on se propose de connoître , lors-que dans
les Sciences on cherche la cause des effets dont

C 5

on y

* Eclaircissement sur le 10. chap. des liv. prem.
de la Recherche de la verité , & ailleurs.

on y traitte. Mais nous ne voyons pas que cette responfe fatisfaffe mieux que la precedente. Car fuivant cette fuppofition les Payens qui n'ont point connu Dieu ; & qui par confequent n'ont pû fe propofer dans leurs eftudes la connoiffance de fes actions, n'auroient pas eu une ombre de verité dans tout ce qu'ils ont fçeu de l'efficace des creatures ; & mefme les autres, qui l'ont connu, s'y feroient auffi également abufez, parce qu'ils fe font toûjours perfuadez, non feulement qu'elles en avoient effectivement ; mais que de plus ils le fçavoient parfaitement bien. Et puis, à quoy bon fe donner tant de peine pour trouver les raifons des chofes, & la maniere dont chaque evenement eft produit, s'il n'y a que la caufe premiere qui agiffe ? Pourveu que vous en marquiez les caufes apparentes, & adjoûtiez, que c'eft en leur prefence que Dieu les produit, tout eft vuidé ; dautant que les caufes fecondes n'operans point avec luy, & ne pouvans par confequent modifier fes actions par la diverfité des leurs, fa maniere d'agir fera toûjours tres-fimple & tres-uni-forme.

Voicy encore d'autres principes, que pofent ces Meffieurs. Ils tiennent que * le mouvement local eft un objet fenfible ; que les fens ne fe trompent point, lors qu'ils jugent de fon exiftence, pourveu qu'ils fuivent exactement les regles, qu'ils prefcrivent. Ils avoüent auffi, † qu'il eft la caufe de tous les changemens, qui arrivent dans les corps. Ces deux chofes pofées ne doivent-ils pas accorder qu'il en eft la veritable

---

* Recherche de la verité liv. 1. chap. 7.
† Dans l'Eclairciffement cy-deffus cité.

ble cause ; puis-que avec la mesme evidence que les sens deposent de la verité de son existence, ils deposent aussi de la verité de son efficace ? S'ils se trompent, lors qu'ils nous attestent qu'il est la veritable cause de ces changemens ; qui nous cautionnera qu'ils ne se trompent point tout de mesme, quand ils nous asseurent qu'il y a du mouvement. Nous ne voyons point de difference entre l'une & l'autre deposition. Et ainsi on doit conclure que si l'existence du mouvement n'est point une ombre & une illusion, son efficace non plus n'en est pas une.

Mais voicy une troisiesme raison fondée sur leurs hypotheses, que nous ne voyons pas qu'ils puissent rejetter. * Les sens, nous disent-ils, n'ont d'autre usage, que de nous representer les differens rapports, que les corps, qui nous environnent, ont avec nous ; à ce que nous nous en servions comme il faut pour nôtre conservation ; *ES ils sont tres-fideles ES tres-exacts à nous les apprendre.* Je ne veux point entrer icy dans la question generale : Si nous ne pouvons point les employer pour connoître la verité des choses sensibles en elle-mesme, aussi bien que les differentes relations qu'elles ont avec nous ; outre qu'on en peut juger de ce que nous en avons demonstré cy-dessus ; c'est que quantité d'habiles gens ; † & quelques-uns mesme depuis peu, l'ont si bien justifié, qu'on n'y peut rien adjoûter. Je prens seulement ce qu'on nous donne. Ils sont, dit-on, tres-fideles &

C 6

tres-

tres-exacts à nous reprefenter ces rapports. Ils
nous defcouvrent donc, quels font les corps, qui
peuvent fervir à nôtre confervation, ou qui
peuvent y nuire ; qui agiffent fur nous, ou qui
n'y agiffent pas ; qui par leurs facultez & leurs
actions nous font favorables, ou qui nous font
contraires. Car nous ne voyons pas en quoy
confiftent ces rapports, s'ils ne confiftent en ces
chofes. S'ils y confiftent, comme il n'en faut
point douter, il y à donc de la vertu & de l'efficace dans les caufes fecondes, & nos fens nous
en inftruifent fans aucune tromperie. Et qu'on
ne nous dife point, que ces rapports font feulement occafionnels, & qu'à proprement parler
aucun corps ne nous eft ni contraire, ni favorable, qu'aucun n'agit pour nôtre confervation,
ni pour nôtre ruine ; mais que c'eft Dieu feul,
qui à leur prefence deftruit nôtre eftre, ou le
conferve. Ce n'eft pas ce que les fens nous dictent là-deffus : affurement ils nous difent toute
autre chofe, & cependant on avouë qu'ils
font tres-exacts & tres-fideles en cette matiere.
Deplus s'il n'y à que Dieu feul qui agiffe fur
nous, que l'ardeur exceffive du feu, par exemple, ne ferve de rien pour nous confumer ; que
l'eau ne puiffe non plus rien d'elle-mefme pour
nous noyer ; pourquoy tant de précautions pour
s'eſloigner de ces chofes, & en prevenir les effets ? Il n'y a qu'à interceder envers Dieu à ce
qu'il fufpende fon action, & puis demeurer
immobile, & on n'aura rien à craindre.
Mais qu'on le faffe, & on verra quel fera
le fuccez de cette negligence.

Il y à

Il y à bien plus, c'est que si les autres corps
n'ont point d'action réelle sur les nôtres, nous
ne serions assurez de l'existence d'aucun. * Nous
ne les voyons point, disent nos Adversaires,
dans l'Essence Divine, qui est le miroir, où nous
connoissons toutes choses : D'autant qu'elle ne
nous represente que l'estenduë en general, si
bien que si nous en avons quelque connoissance,
ce n'est que par les divers sentimens qu'ils excitent en nous, & par les differentes impressions
qu'ils font sur nos organes, lesquelles nous rap-
portons à certaines portions de cette estenduë,
que l'essence de Dieu nous met devant les yeux.
Tout cela de vray est fort abstrait & fort metaphysique. Nous ne l'entendons gueres, ni ne
sçavons si ces Messieurs l'entendent mieux.
Quoi qu'il en soit, suivant le peu de clarté, que
nous appercevons dans ces tenebres, nous ne
pouvons connoître la nature, ni l'existence des
corps, que par leur mouvement, leur lumiere,
leur couleur & autres telles modifications, qui
nous frappent. Hé ! si toutes ces qualitez
n'agissent sur nos sens qu'en apparence, comme
on le tient, & qu'il n'y ait que la cause premiere,
qui y fasse veritablement impression, comment
pourra-t-on les connoître, & avoir quelque certitude de leur existence ? Nous ne voyons pas
qu'on en puisse avoir aucune ; sans conter que,
quant on en auroit, toûjours resteroit-il dans le
jugement qu'on en fait, une grande erreur, dont
on ne sçauroit se defaire ; c'est qu'on est parfai-

C 7

tement

* *Recherche de la verité, liv. 3. 2. part. chap. 6.
Response à Monsieur Arnaud sur les Idées,
chap. 14. pag. 175. & ailleurs.*

tement perſuadé que ces actions, qui nous determinent à les connoître, viennent d'eux ; &
il n'eſt rien de plus faux ſelon nos Adverſaires,
puis qu'elles procedent de Dieu ſeul. Voyez un
peu dans quelles abſurditez on ſe jette, pour ſoû-
tenir ces nouveautez ; c'eſt qu'on ne ſçauroit
aſſurer qu'il y ait rien de réel dans le monde.

Et il ne faut point qu'on nous reſponde que ce
ſont conſequences mal tirées, car nos Adverſaires meſmes les avoüent † confeſſans que ſans le
ſecours de la Foy nous ne pouvons ſçavoir avec
tant ſoit peu d'aſſurance, s'il y à effectivement
des corps dans le monde, ou s'il n'y en à pas ;
tous pouvans eſtre des phantoſmes & des illu-
ſions, dautant que le monde que nous voyons eſt
un monde intelligible, c'eſt aſſavoir l'Eſſence
Divine, qui nous en repreſente un; *mais que de là
nous ne pouvons juger poſitivement, qu'au dehors il
y en ait quelque autre materiel.* Voila les conclu-
ſions qu'on admet, jugez un peu quels ſont les
principes, dont elles ſuivent, puis qu'elles ſont
ſi choquantes. Mais, dira-t-on, ſi les ſens ne
peuvent nous aſſurer de l'exiſtence des corps ;
parce qu'il n'y à nulle evidence dans leurs rap-
perts, la foy le peut. Je demande, la foy n'eſt-
elle pas produite elle-meſme dans nos cœurs par
l'entremiſe des ſens ? Peut-on croire, par exemple, qu'il y ait des corps, qu'on n'ait oüi,
ou leu la Parole de Dieu, qui l'atteſte ? Hé !
ſi les ſens ſont ſi obſcurs en toute autre choſe,
ſi infideles & ſi trompeurs, qui nous cautionnera
qu'ils ne le ſont point auſſi en nous repreſentant

la voix

† *Eclairciſſement ſur le 10. chap. du I. liv.
de la Recherche de la verité.*

la voix, ou les caracteres, qui contiennent cette
parole ? assurement il y a le même danger. Si
donc leur tefmoignage n'eſt pas aſſuré lors qu'ils
depoſent de la verité des corps, celuy de la foy
ne peut pas l'eſtre non plus en cette occaſion,
puis qu'il eſt fondé ſur eux. Mais, graces à Dieu,
l'un & l'autre ſont tres-certains & tres-aſſurez.
La Providence de Dieu a pourveu à tous ces dan-
gers avec un ſoin admirable, donnant aux corps
l'efficace qu'il faut qu'ils ayent, & à nos ſens,
auſſi bien qu'à la foy, la certitude qui leur eſt
deuë. Nous ne nions pas que la perception des
ſens ne ſoit ſouvent fort confuſe ; que dans cette
confuſion le jugement, qui eſt fondé deſſus, ne
s'egare auſſi tres-ſouvent, embraſſant plus que
la perception ne luy repreſente ; nous avoüons
tout cela volontiers : mais ſi les ſens ne prononcent que cecy ; que la choſe qui les meut eſt effectivement preſente, & qu'elle agit réellement
ſur eux, qui eſt tout ce qu'il nous faut preſentement, jamais ils ne s'egareront. C'eſt ce que
nous ſoûtenons, & c'eſt ce qui nous paroit conſtant & inebranlable.

CHAP. VI.

Que les Sçavans doivent auſſi eſtre oüis
ſur cette matiere ; & que tous uni-
verſellement tiennent cette effi-
cace des cauſes ſecondes.

CEla ne paroît pas ſeulement à nous, toutes
les perſonnes, qui ont jamais parlé de ces
matieres, en jugent de la meſme façon. Nous
ſçavons

sçavons bien que ces Messieurs, dont nous com-
battons l'opinion, ne ferons pas grād état de leur
jugement;mais,comme ils trouv roient mauvais,
que nous fussions juges en cette affaire, il n'est
pas juste aussi qu'eux, qui y ont le mesme interest
que nous, le soient non plus. C'st pourquoy, s'il
se trouve des personnes eclairées, judicieuses &
desinteressées, qui avant que cette controverse
fut née, se soient ouverts là-dessus, & apres un
serieux examen en ayent prononcé clairement,
il nous semble qu'on doit faire consideration de
leur tesmoignage, & qu'on y doit deferer.

Je veux que les siecles, ausquels ils ont vescu,
n'ayent pas esté si *éclairez que le nôtre, (ce que
je ne voudrois pourtant pas accorder sans limita-
tion) toûjours est-il certain, qu'en ces temps-là
il y a eu de grandes lumieres. Et si les grands-
hommes qui y ont fleuri, ne nous avoient ouvert
& frayé le chemin à la verité, apparemment nous
ne serions pas allez fort loin. En un mot s'il n'y
a pas eu tant de subtilité en ces temps-là, qu'il
y en a presentement, il y a eu pour le moins
autant de solidité.

Je veux encore *qu'on y ayt peu examiné ces
matieres*, elles ne sont pas assurement si profondes ni si cachées, qu'il faille tant d'examen, ni
tant d'abstractions & de rafinemens pour y penetrer. La raison & le bon sens un peu soûtenus
des aides d'une Philosophie sobre & moderée,
sont plus propres à voir ce qui en est, que toutes
ces nouveautez, dont on nous parle, & ces specu-
lations si guindées, qu'on demande pour en juger.
Il en est à peu pres de ces matieres comme des
brouillards, dont l'air est quelque fois obscurci,

* c'est ce qu on objecte.

que

que vous voyez aisément à quelque distance ;
mais qui disparoissent à vos yeux, si vous voulez
vous en approcher , & deviennent invisibles.
Employez les sens & la raison pour juger de l'efficace des causes secondes vous la remarquerez
aisément ; mais employez vos subtilitez metaphysiques , pour y anatomiser tout jusques à la
quinte-essence, il est à craindre qu'elle ne s'e-
clipse : au moins sommes-nous assurez que nos
Adversaires avec toutes leurs subtilitez cher-
chans dans cet ordre de causes, afin qu'elles agissent, des qualitez, qu'elles ne peuvent avoir ; en
ne les y trouvant pas leur ôtent leur efficace sur
ce mauvais fondement.

Je veux encore qu'aux siecles passez , on ait
trop deferé aux sens ; que la raison des anciens
Philosophes en ait esté trop esclave; & en un mot
qu'ils ayent esté plus sensibles que raisonnables ;
faudra-t-il inferer de là que tous universellement
se soient trompez, en jugeant de ces matieres ?
Cette trop grande deference ne leur aura-t-elle
laissé aucune estincelle de lumiere , ni de bon
sens pour en prononcer droitement ? Assurement
il faut estre bien ebloüi de ses propres lumieres
pour ne pas en appercevoir une estincelle dans
tous ces sçavans hommes. Le Soleil à la verité
est le plus éclattant de tous les Astres , mais les
autres pourtant ont quelque clarté, & peut-estre
si nout estions aupres d'eux nous paroîtroient-ils
aussi brillans que luy. Hé bien soit, que ces
Messieurs dont nous parlons, brillent dans le
ciel des Sçavans ; dirons-nous pour cela, que
le reste ne sera qu'ignorance & que tenebres
en cette occasion ? Si telle est leur préoccupation

pation nous avoüerôs volôtiers qu'ils sôt des So-
leils, & tout le reste obscurité & tenebres aupres
d'eux, mais seulemét dans ce sés & avec cette res-
triction, que comme le Soleil est cause qu'on voit
les autres choses, & ne voit pourtant rien, eux
aussi pareillement nous fournissent icy une ex-
cellente occasion de discerner la verité, & quant
à eux ils n'y voyent goute. Apres tout, qu'ils
nous disent tant qu'ils voudront, qu'aux siecles
passez on a esté peu eclairé sur cette matiere,
qu'on l'a peu examinée, & qu'enfin on a trop
suivi les impressions des sens ; ils n'empesche-
ront pourtant pas, que nous ne croyions, que
le tesmoignage des Sçavans, qui y ont vécu,
ne soit d'un grand poids, pour en connoître
la verité.

Et en effet, lors qu'une infinité de personnes
judicieuses & eclairées, qu'on ne peut supçon-
ner d'aucun concert, ni d'aucune collusion,
d'autant qu'elles ont vescu en divers siecles, &
en pays extremement esloignez, deposent constamment sur un sujet aisé & familier, où on ne
peut les soupçonner du moindre interest & de la
moindre passion, & qu'apres tout, soit qu'elles
en parlent apres une serieuse meditation, soit
qu'elles s'en expliquent familierement, elles ne
varient jamais dans le jugement qu'elles en portent ; il est impossible qu'elles se trompent. Or
tel est le tesmoignage des Sçavans touchant l'efficace des causes secondes ; toutes ces conditions
s'y rencontrent. Philosophes, Medecins, Theologiens, Jurisconsultes, tous universellement,
en tous ages & en tous siecles la reconnoissent
unanimement, la posent, & l'establissent, &
nous

nous ne voyons pas quel interest ils auroient
eu à deguiser icy la verité ; qu'elle passion ,
ou prejugé auroient pu empescher qu'ils ne la
connussent.   C'est pourquoy leur tesmoignage
ne peut estre rejetté.

On nous dit à la verité que *les Peres* , *& les*
personnes les plus saintes & les plus éclairées dans
la Religion , ont ordinairement fait connoître par
quelques endroits de leurs œuvrages , qu'elle estoit
la disposition de leur esprit & de leur cœur à
l'égard de cette question , & qu'ils ont cru , que
la volonté de Dieu estoit la force & la vertu de
chaque chose.   Mais s'ils n'ont cru autre chose,
sinon que la volonté de Dieu est la force des creatures, si la disposition de leur esprit & de leur
cœur n'a rien marqué que cela, ils n'ont rien
cru, ni marqué , que nous n'admettions volontiers.   Assurément, si les causes secondes ont
quelque vertu, on peut dire qu'elle est la volonté
de Dieu , & qu'elle en depend uniquement. Mais
ce n'est pas dire qu'elles n'en ayent point du
tout.   Ils ne le disent point en parlant de cette
maniere , & ne l'ont jamais dit.   Et certes , s'ils
l'avoient insinué en quelque endroit de leurs ouvrages , ces Messieurs , qui les possedent si bien,
ne l'auroient pas oublié.   Puis donc qu'ils ne
nous en citent aucun, nous avons droit de conclure , que les Peres aussi bien que tous les autres
Sçavans, Philosophes , Medecins , &c. que tous,
dis-je , sans aucune exception , ont esté pleinement persuadez de cette efficace.   Et ces Messieurs mêmes, quoy qu'ils disent, nous l'advoüent
ouvertement.   Car au même temps, qu'ils voudroient faire croire que les Peres ont favorisé

leur

leur opinion, ils adjoûtent, *qu'il est vray qu'ils e*
parlent en plusieurs endroits, selon les préjugez,
& que, quand ils auroient toûjours favorisé l'effi
cace des causes secondes, peut-estre, qu'on ne seroit
point obligé d'avoir égard à leur sentiment s'il n
paroissoit qu'ils eussent examiné avec soin cett
question, & que ce qu'ils en auroient dit, n'auroi
point esté une suite du langage, lequel se forme &
s'establit sur les préjugez. Il ne faut pas estre for
habile pour voir ce que cela signifie. On a u
peu meilleure opinion des Peres, (ou au moin
fait-on semblant de l'avoir) que de toutes les au
tres personnes eclairées ; on n'ose les mesprise
ouvertement ; cependant on sçait fort bien qu'il
ont esté d'un sentiment contraire : Que fait-o
pour affoiblir leur authorité ? On allegue, qu'il
n'ont point examiné ces matieres avec soin
qu'ils se sont laissez aller aux préjugez, en u
mot, qu'ils ont suivis les sens comme les autres
Admirable defaite ! Les Peres n'ont pas l
mesme veuë qu'eux sur ces matieres ; par conse
quent ils ne les ont pas examinées avec asse
d'attention. Ils ne tombent pas dans leurs sens
par consequent ils se sont laissez aller aux préju
gez & au torrent. Ils n'ont pas suivi les egare
mens d'une raison quintessenciée ; par conse
quent ils ont esté grossiers, & esclaves des im
pressions des sens. Ce sont-la certainement d
plaisantes manieres de se defaire d'une authorit
qu'on respecte. Pour nous, si on nous alleguoi
quelques endroits de leurs ouvrages, qui parut
sen-contraires à nôtre sentiment, nous n'en use
rions pas de cette maniere. Au lieu de taxer ce
grandes lumieres de l'Eglise de negligence o

de prevention, nous dirions, qu'eblouïs d'un
côté de l'estenduë de la puissance de Dieu, & des
merveilles de ses actions ; & de l'autre ne remarquans dans les creatures qu'impuissance, & que
foiblesse, particulierement lors qu'il faut faire
quelque action de justice, ou d'eclat, ils ont tout
attribué à Dieu : mais que pourtant ils n'ont jamais cru dans le fonds que les creatures n'eussent
aucune vertu ; voila de quelle maniere nous tas-
cherions de sauver leur authorité. Mais on ne
nous oppose rien de leur part, comme aussi il seroit impossible qu'on le fit.

Pour ce qui est des Theologiens de l'Echole,
on nous insinuë qu'il s'en trouve quelques uns,
qui en quelques occasions ont ôté aux causes secondes toute sorte d'action ; mais on n'ose presque les nommer, tant on est persuadé du contraire : Et deplus, quant quelques uns l'auroient
ôtée, ils sont si peu en nombre, que leur jugement doit estre censé pour rien, * car on n'en
nomme qu'un ou deux, † Biel, ‡ Pierre Dailly,
& point d'autres entre plusieurs milliers de tels
Theologiens, qui ont traitté ces matieres. Chacun sçait, *quod nihil tam ineptum, quod non
ab aliquo fuerit dictum*, & cependant dans un
si grand nombre de gens, qui d'ailleurs ne sont
pas les plus sensez du monde, il ne s'en trouve
pas davantage, qui se soient égarez sur cette matiere. Elle est peut-être la seule, où il s'en trouve si peu, qui ayent erré ; c'est une espece de
merveille. Mais au reste, que disent ces un ou
deux ?

* *Sur le 4. liv. des Sentences de Lombard.*
† *Biel sur la dist. 2. quest. 1.*
‡ *Dailly sur la dist. 1. quest. 1.*

deux ? Confiderans que dans la nature Dieu fait
prefque tout, & dans la grace encore davantage;
que non feulement fon influence s'eftend à tous
les effets , mais que de plus toutes les autres caufes n'ont de vertu qu'autant qu'il luy plaît leur
en departir ; & remarquans en particulier , que
dans la production de la juftice & de la fainteté les
Sacremens n'ont aucune efficace réelle, remplis,
dif-je , de ces confiderations , ils ont dit que les
caufes fecondes n'avoient aucune vertu. Hé !
qui doute que fans Dieu elles ne peuvent rien ?
que mefme avec luy elles peuvent tres-peu ,
parce qu'il ne leur communique qu'une eftin-
celle de fa puiffance ? qu'en quantité d'effets elles ne font que des occafions , à la prefence def-
quelles il agit , fans que leur action propre aille
jufques à cet effet , comme il paroît dans les Sacremens , qui prefentent bien à nos fens les graces , que Dieu nous veut ottroyer , mais n'ont
pas la vertu de les imprimer dans la confcience.
Perfonne ne doute de ces veritez ; mais cela
n'empefche pas que les creatures n'ayent de l'efficace en une infinité de rencontres , & que ces
Scholaftiques n'en fòient perfuadez auffi bien que
tous les autres. Et ils l'avoüent eux-mêmes ,
lors que dans ces endroits qu'on nous en cite , &
en quantité d'autres , ils parlent du concours de
Dieu avec elles , & tafchent d'en expliquer la nature. En effet, fi Dieu coopere avec elles dans
leurs actions , il faut auffi que de leur côté elles
operent , car l'un emporte l'autre. Hé ! à quoy
bon fe tant alembiquer l'efprit , à expliquer le
concours, & la maniere dont il s'accorde avec
l'action des caufes fecondes , fi elles n'en avoient
aucune ?

aucune? ce seroit perdre sa peine. Aussi ce côcours
gehenne-t-il terriblement nos Messieurs, & ils
voudroient bien que jamais on n'en eut parlé.
Outre les obscuritez impenetrables, nous disent-ils,
qui sont communes à toutes les opinions, qu'on ne
peut soutenir que par des termes vagues & in-
determinez, il y a sur cette matiere une si grande
varieté de sentimens, que l'on n'auroit pas de
peine à en découvrir la cause ; qui est, veut-on
dire, que ce concours est une chose imaginaire.
Et apres tout, s'il en faut admettre ; *ce n'est*
autre chose que l'action de Dieu agissant par les
creatures, la puissance de Dieu leur estant en
quelque sorte communiquée, sans pourtant qu'elles
ayent par elles-mémes aucune efficace. Est-il
bien possible que ce concours soit une chose si
impenetrable ? D'où vient donc que tous
universellement l'admettent, si personne ne
sçait ce que c'est ? Et s'il se trouvoit, que ce
ne fût autre chose que l'action de Dieu agissant
par les creatures ; ou, ce qui revient à un, que
que l'action des creatures dependante de Dieu,
comme tous en conviennent, seroit-ce bien un
point si embarassant & si difficile ? y auroit-il
bien tant de differens sentimens là-dessus ? Il y a
en cette matiere deux ou trois choses, qu'il faut
soigneusement distinguer, la Verité du concours
luy-mesme, sa Qualité, & enfin la Maniere, dont
il s'accorde avec l'efficace des creatures. Il est
vray que le second & le troisiéme de ces points
ne sont pas sans difficulté, & que les Doctes sont
assez partagez là-dessus ; mais pour le premier
il n'y a ni dissentiment ni difficulté, & mesme
quant aux autres articles si nous n'avions dessein

d'en

d'en parler en une autre occasion, nous montre-
rions peut-être bien qu'il n'y a pas de si grandes
difficultez qu'on se figure, & que mesme les
Sçavans n'y sont pas si partagez qu'on nous veut
faire croire ; mais pour le present nous n'avons
pas besoin de le faire. Tous les Theologiens
universellement reconnoissent la verité de ce
concours, en avoüent la necessité ; c'est tout ce
qu'il nous faut presentement pour justifier que
les creatures agissent. Qu'on crie donc tant
qu'on voudra que c'est une matiere impenetrable,
que les Theologiens sont tous partagés là-dessus,
cela ne fait rien contre nous. Tous s'accordent
en ce point, qu'il faut reconnoître cette action ;
il ne nous en faut pas davantage.

Mais les Philosophes n'auront-ils point leur
atteinte, aussi bien que les Peres, & les Theologiens ? Ne soûtiennent - ils pas l'efficace des
creatures aussi bien qu'eux ? & s'ils la soûtiennent
ne faut-il pas aussi infirmer leur tesmoignage ?
Les pauvres gens, ce sont eux qui ont esté les
premiers abusez, & qui apparemment ont abusé
tous les autres. Ils se sont tuez dans tous les siecles
à philosopher, pour connoître la nature des choses, mais ils n'y ont rien entendu. *Leurs sens
les ont prevenus*, & par malheur, *ils n'ont jamais connu les principes d'une Philosophie, qui
pouvoit les delivrer de leurs preventions ; sans
quoy il leur a esté impossible de s'en délivrer :
Si bien qu'ils ont avancé ce qu'ils n'ont jamais
connu clairement. Car enfin s'ils avoient conceu
clairement, que les causes secondes ont une veritable force pour agir, & pour produire leur semblable,* le Pere Malebranche *estant homme*,

aussi

*auſſi bien qu'eux, & participant comme eux à
la ſouveraine raiſon, auroit apparemment pû decouvrir l'idée qui la leur repreſente, mais quelque
effort qu'il faſſe, il ne la peut trouver. D'ailleurs,
s'ils voyent clairement ce que c'eſt, que la puiſſance
des creatures; ou ce qu'il y a en elles, qui eſt veritablement puiſſant, ils conviendroient ſur cela de
ſentiment. Or il y en a qui aſſurent, que les creatures agiſſent par leur matiere, leur figure, & leur
mouvement; d'autres par une forme ſubſtantielle;
pluſieurs par les accidens & les qualitez; quelques
uns par la matiere & par la forme; d'autres enfin par
certaines qualitez diſtinguées de tout cecy, &c.
Ils ne conviennent pas même de l'action, par laquelle les cauſes ſecondes produiſent leurs effets.
Il y en a qui pretendent que la cauſalité ne doit
point eſtre produite; les autres veulent qu'elles a-
giſſent veritablement par leur action; en un mot,
ils ont de terribles difficultez ſur cette matiere.*
Voila de quelle maniere on pretend ruïner leurs
teſmoignages.

Lors que dans une diſpute, ou dans une autre
occaſion, on produit contre nous quelques te-
moignages contraires, pour peu que nous reſ-
pections les perſonnes, qu'on nous oppoſe, ou
qu'ils ayent la reputation d'honnêtes gens, nous
uſons ordinairement de quelque diſtinction pour
decliner la force de ces teſmoignages; & ſi nous
ne le pouvons pas, nous tâchons au moins d'interpreter leur penſée de telle maniere, qu'elle
ne nous choque point; quoi qu'il en ſoit, nous
marquons toûjours quelque conſideration pour
ces perſonnes. Voila de quelle maniere on en
uſe dans le monde; mais le Pere Malebranche

n'eſt

n'est pas homme à toutes ces considerations , ni
à tous ces mesnagemens.   Soit qu'il n'aime pas
naturellement les destours, ou qu'il voye, qu'il
n'auroit jamais fait , s'il luy faloit distinguer à
tous les tesmoignages contraires , qu'on luy al-
legueroit , parce qu'on luy pourroit opposer
tous les Philosophes ; tant y a que tout d'un
coup sans respect pour personne , il les ecarte
tous , disant , *qu'ils ne conçoivent point clairement
ce qu'ils disent sur cette matiere* ; c'est-à-dire en
bon françois , que tous universellement s'y
trompent.   En verité ils sont bien malheureux
d'avoir tant sué pendant tant de siecles pour
trouver la maniere , dont les choses se predui-
sent; & neanmoins n'avoir rien avancé, & bien
loin d'avoir rencontré la moindre estincele de
verité , s'être si prodigieusement egarez. Et
quant à luy il est bien-heureux , de l'avoir en si
peu de tems , & à si peu de frais trouvée. Mais
par quelle raison est-ce qu'il justifie qu'ils se
sont tous si miserablement trompez ? *C'est qu'il
participe à la Raison Eternelle , aussi bien qu'eux ;
& cependant quelque effort qu'il fasse pour voir cette
efficace des causes secondes, il ne peut l'appercevoir.*
O admirable raison ! Si on luy disoit, qu'entre tous ces Philosophes, qu'on luy oppose , il
n'en est aucun, qui ne participe aussi bien que
luy à cette Raison , & que cependant il n'en est
point, qui y ait jamais apperceu, que les causes secondes n'ont aucune vertu; en verité se
payeroit-il de ce raisonnement ? & trouveroit-il
qu'on le luy auroit parfaitement bien prouvé par
là ? je ne le pense pas. Neanmoins cette maniere
de raisonner est beaucoup meilleure que la sienne.

ne. Car de ce que plusieurs, & même une infinité de personnes eclairées, ne peuvent appercevoir une verité, quelque effort qu'ils fassent pour la voir, on a plus de droit de conclure, qu'elle n'est point, que de ce qu'un seul ne la peut remarquer. Et si on ajoûtoit encore, que la raison, qui empêche qu'il ne voye cette verité, quant à luy, quelque manifeste qu'elle soit, c'est qu'il la cherche dans les cieux par ses abstractions, au lieu qu'il devroit la chercher en terre par le moyen de ses sens, où les autres la trouvent si aisement ; que repondroit-il à des gens, qui luy feroient ainsi toucher au doigt l'origine de ses illusions ? Je ne vois gueres ce qu'il pourroit respondre. Mais sa maniere de raisonner est si foible, qu'elle ne merite pas qu'on s'y arreste, pour en faire voir la foiblesse. Bon Dieu, si tout ce qu'il ne voit pas distinctement n'estoit point, quelque eclairé qu'il soit, il y auroit bien peu de choses dans le monde !

Quant à ce qu'il ajoûte, *que tous les Philosophes n'ont connu cette efficace des causes secondes, que sur le rapport des sens, qui les ont abusez ; & qu'au reste il a esté impossible, qu'ils reconnussent leurs erreurs, parce qu'ils ont esté destituez des principes de sa Philosophie, qui estoient les seuls capables de les desabuser.* Tout cela sont reproches en l'air, qui ne sont fondés que sur un peu de vent, qui l'enteste en faveur de ses principes. Nous avons ouï cy-dessus, si les sens sont trompeurs en cette occasion : Au fonds quant ils le seroient, qui luy a dit, qu'aucun de ces Philosophes n'auroit pû en decouvrir la fausseté par les lumieres de la raison, ou de l'Ecriture Sainte, sans l'aide

de sa Philosophie ? N'y en a-t-il point d'autres
qui ayent pû suppler au defaut de ceux-là , &
leur aider à dissiper ces illusions ? S'il n'en est
point , le monde a esté bien malheureux , jusques à ce qu'il soit venu pour le tirer de son
aveuglement & de son Idolatrie. Car quoi *que*
le cœur de la pluspart ait esté Chrétien , l'esprit
pourtant , mesme des Chrétiens les plus eclairez , *a esté Payen*. Ces pauvres Chrétiens sont
à plaindre , au moins si l'Idolatrie de l'esprit est
aussi criminelle , que celle du cœur. Peut-estre
que la droitture de leur cœur & leur bonne intention les auront garantis de la colére de Dieu ,
comme on le croit dans la Cõmunion du Pere :
Mais sans le secours de cette bonne intention il
n'y auroit point eu de salut pour eux. Vous ver-
rés sans doute que ce ne sont pas nos Philosophes
qui ont esté seduits par leurs sens , mais le Pere
Malebranche , qui l'aura esté par sa raison , &
par les vaines lueurs de sa Philosophie.

Mais si les Philosophes , ajoute-t-il enfin ,
avoient eu quelque idée de cette force qu'ils ont
attribuée aux creatures , auroient-ils esté tant par-
tagez , qu'ils le sont , sur la nature de cette for-
ce , & sur les actions , qui en emanent ? Belle
preuve ! Si la diversité des opinions sur quelque sujet , que ce soit , estoit une marque infaillible d'erreur , le sentiment de nos Adversaires courroit grand risque , & eux-mesmes
devroient le tenir pour fort suspect. Ils ne
sont encore que deux ou trois qui ayent écrit
en sa faveur , & cependant ils sont tous divisez , comme nous l'avons dé-ja remarqué. Et
si dans la suite il trouve encore quelques nou-

veaux partifans, ce que j'ay peine à croire, je
ne doute nullement que la divifion n'augmente;
veritas una, error autem infinitus. Au refte
nous ne voyons pas une fi grande diverfité de
fentimens fur l'efficace des caufes fecondes,
que le Pere Malebranche nous le veut per-
fuader. Il eft fi clair-voyant, qu'il voit les
chofes, qui ne font point; ou plutoft, fi verfé
en Arithmetique & en Algebre, & fi accoûtumé
aux divifions & fous-divifions, qu'il ne peut
s'empêcher de multiplier cette diverfité fans aucun fondement. Pour Nous, qui n'avons pas
la veuë fi penetrante, que de voir ce qui n'eft
pas, & qui ne fommes pas fi exercez dans les
Mathematiques, nous ne trouvons que deux ou
trois opinions differentes fur ces matieres. S'il
en rencontre un fi grand nombre, * c'eft qu'il
conte fes idées pour autant d'opinions, & prend
les notions, qu'il en voit en Dieu, pour les opinions elles-mefmes, & de là vient la multiplicité qu'il y trouve. Mais je veux qu'elle y foit
effectivement; toute cette difficulté pretenduë
ne tombe que fur le principe, par lequel ces
caufes agiffent; ou fur la nature de leurs actions, & non point fur la verité de leur efficace,
qui eft le feul point, dont il eft icy queftion. Les
Philofophes, je l'avoüe, font partagez fur la
nature de la puiffance, par laquelle les caufes
phyfiques agiffent, & fuivant les diverfes hy-
pothefes, dont ils fe fervent, pour expliquer la
condition effentielle de ces caufes, font auffi

D 3   con-

* *Il tient que de chaque chofe il peut y avoir
en Dieu une infinité d'idées, autant qu'il y a
de perfonnes, qui les y voyent.*

consister cette puissance tantost en une chose, & tantost en une autre. Les Epicuriens, par exemple, tant Anciens, que Modernes, ne trouvans rien dans chaque corps que sa matiere, sa figure, & son mouvement, tiennent par consequent que c'est de ces trois choses, que depend leur vertu. Les Peripateticiens, comme chacun sçait, se figurent outre cela dans chacun une certaine forme *substantielle*, laquelle les caracterize & les distingue, & aussi tiennent-ils qu'elle est le fondement & l'origine de toutes leurs actions. Ceux-ci encore sont divisez entre-eux ; car la pluspart associent à cette forme pretenduë certaines qualitez, qui en sont réellement differentes, dont ils veulent qu'elle se serve comme d'autant d'instrumens pour agir ; & les autres ne luy en adjoustent point, soustenant qu'elle opere immediatement par elle-mesme. Voila cette grande diversité d'opinions touchant le principe, par lequel les creatures agissent, dont on fait tant de bruit. Car je soûtiens que toutes ces opinions si differentes & si opposées se reduisent à ces trois ; jugez s'il y a lieu d'en faire un si grand vacarme ; sans conter que cette diversité, qu'on pretend si grande, ne regarde point le sujet, dont il s'agit icy, qui est l'efficace des causes secondes, sur laquelle il ne se trouve pas le moindre dissentiment. Tout cela est bon pour estourdir les simples, & empescher qu'ils ne voyent la verité ; mais pour les personnes esclairées, chacun sçait quels soupçons ces manieres jettent dans leurs esprits.

Quant

Quant aux actions des mêmes causes, sur lesquelles aussi on crie si fort, il est vray qu'on dispute dans l'Echole, si ce sont des estres absolus réellement differens des principes, dont elles viennent, si bien qu'elles en puissent estre censées des effets ; ou si ce ne sont que des modifications, qui en emanent sans qu'on puisse dire à la rigueur, que ces principes les produisent ; ou enfin des denominations externes, prises des effets, qui sont produits par leur entremise ; il est vray, dis-je, que les Echoles sont partagées sur ces trois differentes opinions, & que chacune à ses partisans, qui la soûtiennent ; mais voila pourtant toute cette grande diversité de sentimens, sur laquelle on se fonde pour dire que les Philosophes n'ont rien de certain en cette matiere. Il n'y a pas sujet asseurement d'en faire tant de bruit. Premierement cette conteste ne regarde point la verité de l'efficace des causes secondes, sur quoy il n'y a pas la moindre dissension ; elle regarde seulement la nature des actions, par l'entremise desquelles ces causes produisent leurs effets. En second lieu, qu'on examine de prés cette difference d'opinions, on verra qu'elle se borne à quelque diversité d'expressions, sans qu'il y ait de dissentiment dans la chose ; au moins n'y en voyons nous presque point. Car soit qu'on tienne, que ces actions soient quelques entitez absoluës, ou quelques modifications, ou les effets mêmes des causes, entant qu'ils en decoulent, ce sont termes un peu differens ; mais soit les choses, soit les idées, qu'on en a, elles sont à peu pres

D 4.　　　les

les meſmes. Quoi qu'il en ſoit, toutes ces di-
verſitez ne meritent pas qu'on en parle. Mais
on n'a rien de meilleur à objecter, il faut bien
qu'on s'en ſerve, & qu'on le faſſe valoir autant
qu'il ſe pourra.

Voila, ſi je ne me trompe, tout ce qu'on met
en avant, pour empeſcher qu'on n'eſcoute les
Peres, les Theologiens, les Philoſophes, & generalement tous les Doctes ſur cette matiere.
Puis qu'on travaille tant a les eſloigner, c'eſt
une preuve qu'on les a pour contraires. Et en
effet, nous n'en connoiſſons point, qui n'ait
cru que les creatures avoient de la vertu. Et s'il
eſtoit neceſſaire nous produirions volontiers les
teſmoignages d'une infinité, qui le juſtifient
clairement, mais ces Meſſieurs, dont nous examinons le ſentiment, quoi que tres-bons Ca-
tholiques, ne deferent gueres à la foy de leurs
Docteurs. Ils penſent ſi juſte ſur chaque choſe,
qu'ils ne ſe mettent gueres en peine de quelle
maniere les autres en penſent ; Sinon peut-
eſtre qu'ils voudroient bien qu'ils penſaſſent
comme eux.

Quoi qu'il en ſoit, tous les Philoſophes tant
Anciens que Modernes, ont eſté pleinement
perſuadés de l'efficace des creatures. Chacun ſçait
ce que Platon & ſes Diſciples ont tenu là-deſſus.
* Ils ont ſuppoſé un certain eſprit, qui reſpandu
dans l'Univers donnoit le mouvement a tout,
lequel pour cet effet ils ont appellé *l'Ame du
monde* ; mais, outre que cet eſprit ſelon eux eſtoit
apparemment une creature inferieure à Dieu,
laquelle il employo t pour animer ce grãd corps,

ils

---

* *Platon dans le Timée.*

ils n'ont point douté que les choses particulieres, que cette Ame mouvoit, n'euſſent une
veritable efficace dans les effets, qui en pro-
cedoient.

On n'ignore pas non plus, quel a eſté le ſentiment d'Ariſtote & de ſes Sectateurs ſur ce même ſujet. Ils ont poſé à la verité *un Intellect
Agent*, pour donner le mouvement à toutes les
choſes naturelles, & diriger leurs actions; mais
quelque vertu qu'ils luy ayent attribué, ils n'en
ont encore que trop laiſſé à tout le reſte; puis
qu'ils ont ſoûtenu que le principe de la pluſpart
de leurs actions leur eſtoit interne & eſſentiel:
Peut-eſtre meſme ont ils cru, que cet Intellect
Agent n'eſtoit qu'une ſimple creature, & neanmoins ils l'ont revêtu d'une puiſſance preſque immenſe & infinie.

Nous n'aurions jamais fait, ſi nous voulions
parcourir les ſentimens de tous les autres; des
Stoïciens, par exemple, des Epicuriens Anciens & Nouveaux, & generalement de tous.
Quelque diverſité qu'il y ait eu entre eux dans
toutes les autres matieres, cependant tous
univerſellement ont eſté d'accord en celle-cy.

On parle à la verité de quelques Anciens?
comme pourroient eſtre * Trimegiſte, Philon
Juif, & quelques Arabes, qui ont depoüillé,
à ce qu'on pretend, les cauſes ſecondes de toute
ſorte de vertu, mais ſi on examine les endroits,
† qu'on en cite, on verra qu'ils n'ont point eu
cette penſée; & qu'ils ont ſeulement voulu
dire, que lors qu'il eſt queſtion d'agir, la cauſe

D 5

pre-

* *Dialogue du Commun.*
† *Allegories de la Loy*, liv. 2.

premiere concourt de telle maniere avec toutes
les autres, qu'elle leur donne toutes les forces
qu'elles ont, si bien que tous les effets en viennent, comme de leur premiere origine : Du reste
que les autres n'operent point du tout avec elle,
& qu'elles n'ont nulle vertu & nulle efficace
réelle, ce n'a point esté leur sentiment, comme on pourroit aisement le justifier par divers
endroits de leurs ouvrages, s'il estoit necessaire.

Les Theologiens de l'Echole n'ont pas esté
d'autre sentiment que les Philosophes. Qu'on
consulte le Maître des Sentences, Thomas,
Scot, & tous les autres qu'on traite de
Scholastiques, & on verra si tous ne tiennent pas unanimement cette efficace. * *Autre
chose est*, dit le Maître des Sentences, parlant
de la puissance que les Anges peuvent avoir pour
concourir à la creation, *former & fournir les
creatures par une souveraine puissance, ce que
Dieu seul fait ; autre chose suivant les facultez
& les forces qu'il a departies, agir exterieurement,
afin qu'elles soient creés d'une telle ou telle maniere ;*
ne voulant pas à la verité, que les Anges ayent
la puissance de créer aucun sujet, mais soûtenant
pourtant que selon la vertu, que Dieu leur a ot-
troyée, ils cooperent effectivement à cette
creation. † *Si les choses creés*, dit Thomas,
*n'agissoient en aucune maniere dans la production
des effets, ce seroit en vain que Dieu les em-
ployeroit pour cela ; or cela repugne à sa Sagesse.*

* Si

* *Lombard livre second des Sentences,
Distinction septiesme.*

† *Thomas contra Gent. lib. 3. cap. 69.*

* Si la cause premiere, adjoûte Scot, agissoit necessairement, elle agiroit selon toute l'estenduë de sa puissance, & par consequent produiroit tout ce qui peut estre produit ; d'où suivroit que les causes secondes ne feroient rien, ce qui est absurde. Je laisse là son raisonnement, & n'examine point s'il est bon, ou mauvais, quel qu'il soit, il nous y assure formellement que les causes secondes ont une efficace réelle.

Hé que dirons-nous enfin des Peres ? Ont-ils esté d'une autre opinion que les Theologiens de l'Echole ? On nous le veut faire accroire, mais on le justifie si mal, qu'il n'y a pas d'apparence, qu'on nous le persuade. Tout ce qu'on nous allegue pour cet effet, c'est qu'ils ont ordinairement fait connoitre par quelques endroits de leurs Ouvrages, quelle estoit la disposition de leur esprit, & de leur cœur, à l'egard de cette question : C'est a dire, qu'ils ont marqué en diverses occasions, qu'ils ne suivoient point les prejugez, & le torrent, qui ont entrainé tous les autres en faveur de l'efficace des causes secondes. Mais où est-ce qu'on a trouvé ces endrois ? Je voudrois bien qu'on nous les eut indiquez. Si on en trouve quelques-uns, vous verrez que ce sont de ces estoiles nebuleuses semées par-cy par-là dans les cieux, si sombres & si obscures, qu'on ne les peut distinguer ; ou plûtost, de ces tâches, qu'on s'imagine dans le Soleil, qui n'y sont point du tout, mais en sont fort esloignées, & tout au plus errent autour de cet astre. On se figure voir ces endroits-là dans les œuvres de ces grands Hommes, mais c'est une pu-

D 6

reil-

* Sur le 1. liv. des Sentences, dist. 8. quest. 5.

re illusion. Et en effet, qu'elle apparence, que
voyans tous les autres mortels dans une erreur si
dangereuse, qu'on pretend que soit celle, qui
donne de l'efficace aux causes secondes, & dans
une espece d'Idolatrie, comme on parle, qui les
devoit faire perir infailliblement ; qu'elle apparence, dis-je, qu'au lieu de faire tous leurs efforts pour les en retirer, ils se soient contentez
d'en dire quelque mot en passant;& quât au reste,
les ayent laissez dans un aveuglement si dange-
reux, & dans une Idolatrie si funeste, & même
les y ayent entretenus, tenans même langage
qu'eux sur cette matiere ? Hé ! où étoit cette
ardeur, qu'ils ont si souvent témoignée pour le
maintien de la verité ? Cette aversion mortelle,
qu'ils ont si souvent fait paroître pour l'idolatrie
tant spirituelle que charnelle ? Où enfin, cette
grande charité, qu'ils ont marqué dans toutes
les occasions envers les errans ? Il s'agissoit
d'une verité, qu'on croit estre le fondement de
toute la pieté, & ils ont bien pu la voir ignorée
de toute la terre, sans en estre touchez, & sans
tâcher par toutes les voyes possibles de la faire
connoître ? Non, il n'est pas possible qu'ils
ayent eu si peu d'amour pour la verité, si peu de
charité envers le genre humain, & si peu de zele
pour la gloire de Dieu, que de ne parler que
tres-rarement d'une verité si importante, &
encore en parler avec cette negligence, & cette
obscurité, qu'on nous insinue. S'ils n'en ont
parlé que de cette maniere, assurément ils ont
esté dans le même sentiment, que tous les autres, & ont crû que les creatures ont de la vertu.
Et de fait, il n'y a rien dans leurs Escrits, qui
ne le

ne le montre evidemment. Ils donnent ordinairement à Dieu autant qu'il se peut dans les
œuvres de la Nature, & dans celles de la Grace,
cependant ils y laissent toûjours aux creatures
une efficace considerable. Voici de quelle maniere en parle Theodoret sur Ezechiel, † *Rien
ne se fait contre la volonté de Dieu ; mais des
choses, qui se font, il en conduit luy-même les
unes, & pour les autres, il permet qu'elles arrivent d'une maniere libre, cedant au franc arbitre
de l'homme.* Voici encore comme s'en explique
Saint Chrysostome sur la seconde à Timothée.
‡ *Sçache que Dieu conduit tout ; que des choses
il en opere une partie, & les autres il les permet ;
qu'il ne veut point, qu'il y ait de mal ; que toutes
choses ne se font pas par sa seule volonté, mais
par la nôtre aussi.* Voici enfin de quelle maniere
Saint Augustin s'en exprime, au livre septiéme
de la Cité de Dieu. * *Dieu gouverne,* dit-il,
*toutes les choses, qu'il a creés de telle maniere,
qu'il permet aussi, qu'elles deployent leurs propres
mouvemens.* Et en un autre endroit, ¶ *Ce ne
sont pas ceux, qui sont meüs par leur propre esprit, qui sont enfans de Dieu, mais ceux qui le
sont par l'Esprit de Dieu. Mais quelqu'un me
dira ; Nous sommes donc meüs & poussez, &
n'agissons point ? Je respons, tu es poussé, &
cependant tu agis.* Dicet mihi aliquis ; ergo agi-
mur, non agimus. Respondeo ; Imò & ageris, &
agis. Il en est de même de tous les autres Peres.

D 7

Nous.

---

† *Chapitre* 29.
‡ *Chap.* 4. *Homel.* 8.
* *Chapitre* 30.
¶ *Sermon.* 30. *de verb. Apostol.*

Nous peut-on donc apres cela alleguer avec la moindre ombre de vray-semblance , qu'ils ont fait connoître en divers endroits de leurs Ouvrages , qu'ils ont crû que les creatures n'avoient aucune efficace ? Ils ont estendu, autant qu'ils ont pû , l'efficace de Dieu dans les actions des hommes, & sur tout dans celles qui sont honnêtes & vertueuses, afin de leur ôter tout pretexte de merite & de vanité, & les tenir toûjours dans une profonde soumission devant luy : Et cependant vous voyez, qu'ils disent constamment qu'ils y agissent ; jugez s'ils ont esté dans cette pensée , que les creatures n'avoient aucune action. Mais des Peres passons à l'Ecriture Sainte, & voyons ce qu'elle nous enseigne sur le même sujet. Certainement Dieu est jaloux de sa gloire ; si les creatures n'ont point de part dans ses œuvres, & principalement dans les plus excellentes, il ne les appellera point pour en partager l'honneur avec luy , c'est pourquoy nous pouvons seurement nous arrêter à ce qu'il en assure en sa Parole. Escoutons donc ce qu'elle en dit.

CHAP. VII.

Que l'Ecriture Sainte doit pareillement estre escoutée sur ce point, & qu'elle le decide mille & mille fois en nostre faveur.

Quelque chose qu'en disent ces Messieurs, qui nient l'efficace des creatures, ils ne sont pas trop contens qu'on les appelle au Tribunal

bunal de l'Ecriture Sainte, pour ouïr ce qu'elle
en prononce. Ils font bien mine de la vouloir
escouter avec respect, & s'en tenir à ses deci-
sions, mais il n'est pas possible qu'ils n'ayent du
chagrin de l'ouïr à tout moment condamner leur
opinion, & n'avoir rien a respondre a une infinité de passages, qui la renversent ; ou si on y
respond quelque chose, d'y appliquer des mise-
serables responses, comme on fait. Mais ils
n'ont pas de moyen pour decliner ce Tribunal,
c'est pourquoy ils ne refusent pas de s'y presenter, & d'acquiescer à ses jugemens. Car à qui
persuaderoient-ils, que Dieu ne sçait, s'il a
donné aux creatures quelque force pour agir, &
s'il le sçait, qu'il ne nous en instruise pas, puis-
que & sa gloire & nôtre salut y sont si fort interessez ? Ils ne le persuaderoient jamais à qui que
ce soit ; & aussi confessent-ils assez volontiers,
qu'il nous en instruit amplement en sa Parole,
& que même il y a quantité de passages, qui fa-
vorisent cette efficace. Mais ils opposent en
même tems, qu'il y en a aussi plusieurs, qui luy
sont tout-a-fait contraires, attribuans à Dieu
seul tout ce qui se fait dans le monde. Si bien
que la decision de cette dispute depend de la droite interpretation des uns & des autres, & de leur
côciliation. Voila ce qu'ils repondent pour la premiere chose. Faut-il ensuite donner quelques
regles pour cette interpretation, voici celles,
qu'ils veulent qu'on suive ; C'est que si ces passages semblent favoriser l'efficace des creatures,
ils parlent suivant l'opinion commune, & les
prejugez du peuple, si bien qu'il ne faut point
s'y arrester ; mais si une fois seulement ils rapportent

portent tout à Dieu, ils parlent selon la verité
de la chose, & qu'alors il les faut prendre à la lettre. Mais en verité ne devroit-on pas plûtost se
taire, ou renvoyer l'Ecriture Sainte, comme on
a fait tout le reste, que d'y repondre d'une maniere si pitoyable; & de tâcher de l'eluder avec si
peu de succez? Car, outre que par telles répon-
ses on fait voir son entestement, c'est qu'on ex-
pose à un grand danger son jugement, son erudition, & sa bonne foy. Il s'agit de respondre à
une infinité de passages tant du Vieux que du
Nouveau Testament, qui assurent positivement
que Dieu a donné aux creatures la vertu d'agir
réellement, & puis d'en produire, si on peut,
quelques autres, qui disent, qu'il n'en a pas
donné. Que fait-on là dessus? On tâche au
lieu de cela de commettre l'Ecriture Sainte avec
elle mesme, pour empescher qu'on ne l'escoute;
& si on ne le peut, on l'interprete de la maniere
du monde la plus forcée, & la plus violente.
Mais arrester un Adversaire n'est pas respondre
aux difficultez, dont il nous presse; former un
nœud n'est pas en defaire un autre, qui nous
géesne. Il faut necessairement venir à d'autres
responses, qui satisfassent mieux.

On y vient à la verité, mais elles sont tout-
à-fait plaisantes. Il ne faut pas juger, dit-on,
du vray sens de l'Escriture Sainte par le plus
grand nombre de passages, qui parlent d'une
chose, s'ils en parlent d'une maniere populaire;
mais par le moindre, par deux ou trois, & mesme par un, pourveu qu'ils la representent toute
autre, qu'on ne la conçoit ordinairement. Admirable raisonnement! Comme s'il n'y avoit
que

que les opinions singulieres, qui fussent veritables ; & que toutes celles, qui sont communes, fussent fausses ! Que c'est que d'estre singulier, on ne peut rien admettre que de particulier ! Mais par malheur, si dans cette singularité on a le plaisir de se faire remarquer en s'esloignant de la foule, aussi d'autre côté on s'egare fort souvent, & on se trouve embarassé. *Interdum & vulgus rectum videt, est ubi peccat.* Le peuple se trompe quelques fois, mais aussi tres-souvent juge-t-il des choses comme il faut. Quant à l'Ecriture Sainte, soit qu'elle parle des choses populairement, soit qu'elle en parle exactement, elle en parle toûjours dans la verité, pourveu qu'on la sçache interpreter. Mais une chose est certaine, c'est que les paradoxes & les expressions outrées y sont extremement rares ; si bien que chercher des mysteres par tout, & prendre le contre-pied de ce qu'elle dit, c'est par un esprit de singularité, & par une affectation blâmable, se jetter volontairement dans l'erreur. Telles regles seroient peut-estre bonnes pour l'intelligence des livres des Stoiciens, qui se sont rendus ridicules par leurs paradoxes ; mais elles ne valent rien pour l'explication de l'Ecriture Sainte, qui presque par tout est extremement simple. Le Pere Simon dans sa Critique a marqué toutes les manieres, dont se sont jamais servis les Juifs & les Chrétiens, de quelque Secte, qu'ils fussent, pour interpreter l'Ecriture, mais il ne nous en marque point de semblable à celle-cy, suivant laquelle il faille chercher le sens des passages clairs dans ceux qui sont obscurs ; en opposer un ou deux incertains & douteux à une infinité

d'autres

d'autres formels & evidens ; & au prejudice de
ceux-cy s'arrester à ceux-là, quelques absurditéz
qu'ils presentent, si on les prend à la lettre.
Au contraire il nous dit, & ce suivant les principes de sa Religion, † *qu'il est impossible de trouver la Religion dans l'Ecriture, à moins qu'on
n'appelle à son secours la Tradition*; parce qu'il
*y a eu de tout temps dans l'Eglise, comme un
abregé de la Religion independémment de l'Ecriture, sur lequel on doit regler ce qui se trouve
d'obscur dans l'Ecriture.* Voila la regle qu'il pres-
crit, qui est, comme vous voyez, diametrale-
ment opposée à celle du Pere Malebranche.
D'où vient que ce dernier s'esloigne si fort de
son Confrere, & renverse mesmes les principes
de sa Religion ? Je n'en vois point d'autre raison, sinon qu'il n'a pas pour luy la tradition sur
l'efficace des causes secondes, si bien qu'il luy
faut suivre une autre route. Il y a là de la prudence ; selon les divers lieux où on tend il faut
tenir des chemins differens. S'il avoit le mesme
but que le Pere Simon, il parleroit & agiroit
comme luy, & n'auroit garde de heurter la Tradition ; il s'en sçait parfaitement bien servir
dans les occasions, & la recommander, comme on le voit au troisiéme livre de la Recherche
de la verité ‡, mais presentement elle ne luy
est pas favorable, on ne doit pas estre surpris,
s'il ne s'y arreste pas. Mais au reste qu'elle apparence, que Dieu voulant nous apprendre, que
les causes secondes n'ont nulle vertu, il nous
assure à tout moment, comme il le fait, qu'elles
en ont ?

† *Histoire Critique, liv. 3. chap. 10.*
‡ *Premiere partie, chapitre second.*

en ont ? Quelle apparence encore, qu'à tout
moment il les sollicite à agir ? Qu'il s'irrite de
leur negligence comme il fait ? Qu'il punisse
à rigoureusement les dereglemens de leurs actions, & autres telles choses ? C'est une étrange
maniere d'enseigner une verité, que de dire presque toûjours le contraire, de l'affirmer par tout
en termes exprez, & le protester hautement
presque dans toutes les occasions ? Si on ne peut
donner aux creatures aucune vertu, que par une
espece de sacrilege on ne l'ôte à Dieu, qu'on ne
les esleve en sa place, & qu'on n'en fasse des
Idoles ; d'où vient qu'il ne nous en desabuse pas
en sa Parole, en nous disant non seulement quelques fois, mais très-souvent ; non en passant,
mais de propos deliberé, non obscurement,
mais en termes evidens, qu'elles n'en ont point
du tout. En verité il est peu soigneux de nôtre
salut & de sa gloire. On objectera peut-estre
qu'il en parle assez nettement & assez souvent,
pour nous des-abuser ; mais que nous interpre-
tons mal ses Oracles. C'est-là tout ce qu'on
peut nous alleguer avec quelque vray-semblance. Mais examinons un peu, qui les interprete
le plus judicieusement, ou du Pere ou de Nous.
L'Ecriture attribuë aux creatures une infinité
d'effets, comme à leurs veritables causes, la
pluspart de ces effets elle les rapporte aussi tres-
souvent à Dieu, comme à leur vray principe.
Pour concilier cette contradiction apparente,
& penetrer dans son sens, voici de quelle maniere le Pere en use ; Il nous dit que, quand elle
assure que les creatures agissent, elle parle selon
le sentiment du vulgaire, qui croit qu'elles a-
gissent

giſſent effectivement, quoi que pourtant la choſe ne ſoit pas ; au lieu que, quand elle rapporte
tout à Dieu, elle parle ſelon la verité. De preuve
de ce qu'il dit, il n'en allegue preſque point,
mais enfin voila ſon explication. † Il y a dans
l'Echole quelques Theologiens, comme Durand
& ſes Diſciples, qui prennent le contre-pied,
& ſoûtiennent que, lors qu'elle attribuë tout à
Dieu elle parle d'une maniere pieuſe, mais fort
impropre ; au lieu que, lors qu'elle transfere
tout aux creatures, elle parle exactement & veritablement parce que ſi elle peut dire que Dieu
concourt à leurs actions, c'eſt par cette raiſon
ſeulement, qu'il leur a donné avec l'eſtre
la faculté d'agir, qu'il conſerve en agiſſant.
Le Pere Malebranche ne peut ſouffrir ce ſentiment, ni cette explication ; * pretendant
qu'ils ſont tout-a-fait oppoſés à l'Ecriture
Sainte.   Je ne veux point preſentement
prononcer à fonds ſur l'interpretation de Durand, je ne veux que la comparer pour quelques momens avec celle du Reverend Pere,
afin qu'on voye, laquelle des deux eſt la plus
convenable. La premiere a une infinité de paſ-
ſages, qui ſemblent la favoriſer ; les ſens auſſi,
parce que l'action de Dieu dans les effets des creatures n'eſt pas de leur juriſdiction, paroiſſent
luy eſtre favorables ; la raiſon même ſemble
l'appuyer : neantmoins on ne doute point qu'elle
ne ſoit fauſſe. Quant à la ſeconde, elle n'a

que

† *Durand ſur le 2. liv. des Sent. Diſt. 1. queſt. 2.*
Louis de Dole dans ſon Traitté du Concours,
part. 4. chap.. 16.
* *Eclairciſſ. penult. du 3. tom. de la Recherche.*

que tres-peu de passages favorables ; les sens
& la raison luy sont ouvertement contraires ;
jugés laquelle des deux est plus conforme à
l'Ecriture Sainte. Assurément celle d- Durand
y paroit plus conforme : mais & l'une & l'autre
en sont tres-éloignées.   Et en effet, pourquoy
se jetter dans des extremitez dangereuses, lors
qu'entre ces extremitez il se trouve un milieu,
qu'on peut seurement embrasser ? Supposer dans
les Oracles du Ciel des contradictions, qui n'y
ont pas le moindre fondement, pour en suite
gehenner cruellement ces Oracles, afin d'y
trouver ses entestemens & ses preoccupations?
Pourquoy sur tout en user de cette maniere,
lors que sans leur faire la moindre violence,
on y peut trouver la verite ? Quand l'Ecriture
Sainte nous represente de qu'elle façon toutes
les choses furent creés au commencement,
quelles facultez leur furent données, quel ordre fut establi entre-elles, elle nous dit, par
exemple, que * *Dieu ayant produit la terre,
il luy ordonne qu'elle produise son jet, herbes por-
tans semence, arbres fruitiers, &c.* Et puis elle
ajoûte en mesme tems, *qu'elle produisit effectivement ce jet.* Où vous voyez qu'elle nous
enseigne clairement, que non seulement la
terre a reçû de Dieu la vertu d'agir, mais de
plus qu'elle la aussi-tôt efficacement deployée
dans la production des herbes & des plantes.
Quelques momens apres la mesme Escriture
parlant de ces effets les attribuë à Dieu, nous
disant, † *Qu'en six jours il fit la terre & les*
cieux.

* *Genese chap.* I. *verf.* 11, 12.
† *Genese chap.* 2. *verf.* 4, 5.

cieux, tout le jet des champs, & tout leur her-
bage, &c. Parlant en d'autres endroits de la seconde Creation, de la Redemption des Eleus, &
de leur Sanctification, elle en use a-peu-pres de
la mesme maniere. † *Travaillez à vôtre salut
avec crainte & tremblement*, nous crie-t-elle,
*car c'est Dieu, qui produit en vous avec efficace
& le vouloir & le parfaire selon son bon plaisir*;
Au mesme tems qu'elle rapporte à la grace de
Dieu, & à l'efficace de son Esprit, nôtre sanctification & nôtre salut, elle nous ordonne pourtant d'y travailler avec tout le soin & toute la vi-
gilance possible. Si ces deux choses malgré leur
opposition apparente peuvent neantmoins parfaitement bien s'accorder, pourquoy les separer,
puis que l'Ecriture Sainte les allie ? pourquoy
par une espece de sacrilege ôter à Dieu, ou à la
creature, leurs efficaces, si elles ne se détruisent
point, mais au contraire subsistent parfaitement
bien ensemble ? Dieu ne peut-il pas agir en qualité de premiere cause, & les creatures en qualité
de causes secondes & sous-ordonnées, sans qu'un
de ces deux concours ruine l'autre ? Est-ce que
dans le monde il n'y a point de sous-ordination,
& qu'il ne peut y en avoir ? Que dans toutes
sous-ordination l'effet ne vient pas des causes inferieures aussi bien que des superieures, puis
qu'au fonds l'action des unes & des autres n'est
qu'une, à proprement parler ? Il n'y a rien là de
choquant ; rien, qui ne se puisse ; rien enfin,
qu'on ne remarque tous les jours. Et ainsi le
Pere Malebranche & Durand ont grand tort de
diviser ce qui s'unit si bien ; & de ne pas admettre

† *Philippiens chap. 2. vers. 12, 13.*

re l'une & l'autre de ces actions, puis qu'elles
subsistent amiablement ensemble. On nous dit
d'ordinaire, que les Estoiles les plus hautes sont
fixes & stables dans leurs lieux ; & qu'il n'est que
les plus basses, c'est assavoir les Planettes, qui
soient errantes. Il n'en est pas de mesme des
Esprits ; ceux qui sont les plus élevez & les plus
brillants, sont ceux-là ordinairement, qui sor-
tans des routes, qu'ils doivent suivre, s'en egarent le plus, comme nous le voyons en ces deux
grands-Hommes.

† Mais, ajoûte-t-on, on ne peut concevoir
de quelle maniere Dieu agit avec les creatures,
ni qu'elle est la nature de son concours. *Les
Theologiens à la verité ont trouvé ce temperament
pour accorder la Foy avec la Philosophie des Payens,
& la raison avec les sens ; que les causes secondes ne
feroient rien si Dieu ne leur prêtoit son concours :
mais 1º. parce que ce concours immediat, par lequel
Dieu agit avec les causes secondes, renferme de
grandes difficultez, quelques Philosophes l'ont rejetté. 2º. Outre les obscuritez impenetrables, qui
sont communes à toutes les opinions, qu'on ne peut
expliquer & soûtenir, que par des termes vagues,
il y a sur cette matiere une si grande varieté de sentimens qu'on n'auroit pas de peine à en decouvrir la
cause.* Je veux que quelques Theologiens, comme Durand, & ses Sectateurs, l'ayent rejetté,
il ne s'ensuit pas de là, qu'il faille que tout le
monde le fasse à leur imitation, sans conter que
ces Theologiens ne l'ont pas condamné absolument. Ils n'ont pû bien comprendre la maniere
dont la plus part des autres l'expliquoient, c'est

pour-

† *Malebranche Eclaircissement si souvent cité.*

pourquoy ils ne l'ont pas admis dans leurs sens,
mais ils l'avoüent en quelque façon dans un autre, comme nous l'avons cy-devant insinué.
Et le Pere Malebranche mesme seroit assez disposé à le recevoir, si ce concours n'estoit autre
chose que l'action de Dieu agissant par les creatures ; ou ce qui revient à un, l'action des creatures dependante de Dieu. Car voicy de quelle
maniere il s'en exprime, apres avoir tâché de
concilier en quelque façon son opinion la-dessus
avec celle des autres Theologiens   * *Ayant
faite voir*, dit-il, *que Dieu execute par son concours,
ou plûtost par sa volonté efficace, tout ce que les
mouvemens des corps, & les volontez des esprits
font comme causes naturelles, ou occasionnelles,
il n'y a rien que Dieu ne fasse par la mesme
action que celle de sa creature ; non pas que les
creatures ayent par elles mémes aucune action efficace, mais parce que la Puissance de Dieu leur est
en quelque sorte communiquée par les loix naturelles, que Dieu a establies en leur faveur.* Voila
à peu pres de quelle maniere les Theologiens
modernes expliquent la chose. S'il vouloit
s'en tenir là, nous luy tendrions la main avec
un singulier plaisir. Mais, quoi que de tems
en tems la force de la verité triomphe de ses
prejugez, & le rameine au bon chemin,
cependant tost apres ils l'emportent d'autre côté & le font egarer.   *Il ne peut goûter l'embaras & les difficultés, qui se rencontrent dans la
maniere, dont les Theologiens exposent ce concours.*
Mais, s'il ne la peut comprendre, qu'il ne s'y
embarasse pas, & n'y entre point du tout : Car
il n'est

il n'est pas necessaire d'en venir à la maniere,
pour admettre la chose.   Arrestons-nous à ce
qui nous paroit de clair, qui est , que Dieu coopere avec les creatures , & n'allons pas plus a-
vant ; nous le pouvons aisément sans interesser
la verité, dont il s'agit.   Hé ! pourquoy s'y
embarasser ?   Le Pere se souvient sans doute de
la regle , que donnent les Cartesiens , & que luy-
même à fort judicieusement prescrite & prati-
quée en divers endroits de ses Ouvrages, qui est,
Que pour les difficultez , qui se rencontrent dans
un sujet , il ne faut pas pour cela en rejetter ce
qu'il y a de clair & d'evident : Qu'il la suive
presentement, nous n'en voulons pas davantage,
& il avoüera avec nous ce concours, dont la
nature & les proprietez luy paroissent impenetrables.   Mais au reste sont elles bien si impenetrables , qu'il nous le veut persuader ? Il examine les divers sentimens qu'il y a là-dessus
avec beaucoup d'ordre , les propose dans la derniere evidence, les combat avec assés de netteté;
comment est-ce qu'il le peut faire , si c'est une
matiere si profonde & si inexplicable ? On n'entre point dans un labyrinthe avec tant de facilité ; on ne s'y promene pas si aisément , & ón
n'en sort pas enfin avec tant de liberté.   D'où
vient encore que presque tous les Philosophes
reçoivent ce concours d'un commun consentement , sans que ces difficultez si prodigieuses les
en empeschent ? Assurement ils n'y en trouvent pas tant, qu'il nous veut faire croire.   Il
est vray que lors qu'il est question de l'accorder
avec l'action des creatures, il y a de l'embaras ,
& que les Doctes sont partagez là-dessus , com-

E

me

me nous l'avons dé-ja remarqué ; cepeudant cet embaras & cette diffension ne font pas fi terribles qu'on nous les reprefente. Et fi nous n'avions deffein d'en parler dans une autre occafion, nous le juftifierions affez facilement. Mais comme cela n'eft pas neceffaire pour nôtre deffein, ne s'agiffant icy que d'établir la verité de ce concours, nous ne nous y arreftons pas, mais paffons plûtoft aux autres raifons, qu'on employe pour le combatre.

On dit, *que, quand mefme il feroit propre pour accorder les differens paffages de l'Ecriture Sainte, on ne fçait fi avec tout cela il faudroit le recevoir. Car les Livres Sacrez n'ont pas efté faits pour les Theologiens de ce tems-icy, mais pour le Peuple Juif ; de forte que fi les Juifs n'eftoient point autrefois affez éclairez, ou affez fubtils, pour s'imaginer un concours tel qu'on l'admet dans la Theologie Scholaftique, & pour demeurer d'accord d'une chofe que la plûpart des Theologiens ont bien de la peine a expliquer, il s'enfuit que l'Ecriture Sainte, qui attribuë a Dieu feul la production des chofes, les auroit jettez dans l'erreur. Et deplus ceux d'entre-eux, qui n'eftoient pas trop Philofophes, croyoient que c'eft Dieu, qui fait tout.* Je fuis furpris pour la premiere chofe, que le Pere Malebranche, qui a une fi mauvaife opinion des fentimens du Peuple, & qui cy-deffus a fait tout fon poffible, afin qu'on ne s'y arreftat point, lors qu'il s'agit de la verité, nous preffe icy l'opinion des Juifs touchant le concours de Dieu, & principalement de ceux d'entre-eux, qui eftoient peu Philofophes, & veüille s'en fervir pour le ruiner. Il fçait que le Peuple n'eft

d'or-

d'ordinaire gueres instruit dans les matieres de
Metaphysique ; Il n'ignore pas en particulier,
que parmi les Juifs, non seulement le Peuple,
mais encore les Rabbins, & les Docteurs,
estoient tres-peu éclairez dans ces choses ; &
cependant il nous veut faire valoir icy leur ignorance, pour montrer, que Dieu n'agit pas avec
les creatures ; parce, dit-il, que ces gens ne le
croyoient pas.   Il me semble qu'il y a quelque
legereté dans cette conduite, & je ne sçai quoy,
qui ne sent gueres la gravité.   Les Pilotes habiles se servent de tous vens en mer ; il en veut
user de mesme, mais je crains que cette habileté
ne luy reüllisse pas.   Au reste, d'où est-ce qu'il
a puisé ce rare point d'Histoire, que lors que
l'Ecriture Sainte a esté donnée aux Juifs, ils
estoient dans cette créance, que les creatures
n'avoient aucune vertu ? S'il nous parloit des
Juifs, qui ont vécu depuis cinq ou six cent ans,
il y auroit peut-estre quelque apparence à ce
qu'il dit ; parce que depuis ce tems-là ayant tâché d'avoir quelque connoissance de la Philosophie, dans laquelle ils avoient esté fort ignorans
pendant plusieurs siecles, aussi bien que dans les
autres Sciences ; & se trouvans dans des païs,
où regnoit celle d'Averroës & d'Avicenne, qui
tenoient que les choses naturelles avoient peu
de vertu, si bien qu'il falloit quelques Intelligences, qui les meussent incessamment ; se
trouvans, dis-je, dans ces païs-là, ils ont embrassé leurs erreurs.   Mais avant la venuë de
Jesus-Christ, & mesme quelques années apres,
ils ont esté fort esloignez de cette créance. Ils
ne se piquoient pas de vray en ce tems-là d'une

E 2   grande

grande erudition, & particulierement de beaucoup de Philosophie : Mais s'ils en avoient, ils
la tenoient † de Platon, au dire du Pere Simon,
ou plûtost de Zenon & d'Epicure, comme on le
peut recueillir des sentimens qui leur sont attribuez en divers lieux du Nouveau Testament :
Quoi qu'il en soit, de quelque source qu'ils
l'eussent puisée, ils penchoient plus-tost vers
l'opinion, qui donne tout aux creatures, que
vers l'autre, qui luy est opposée, & qui transfere tout à la Divinité. Qu'on voye ce que
Josephe rapporte de leurs Philosophes, & on
verra quels estoient leurs sentimens sur ces matieres. * *Les Pharisiens*, dit-il, *attribuoient
tout au Destin & à Dieu : faire le bien ou le
mal dependoit pour la plus grand part des hommes, mais de telle maniere, que le Destin leur
aidoit en chaque chose.* Ce sont-là les principes
des Stoiciens, que ces Philosophes suivoient.
Les Saduciens, ajoûte-t-il, *nioient absolument
le Destin, & ne vouloient pas que Dieu eut la
moindre action, ni le moindre egard dans les
mauvaises œuvres.* C'est-là le pur Epicureisme,
que ceux-cy avoient adopté. Pour les Esseniens,
ils tenoient en quelque façon le milieu, comme
on peut le recueillir de ce que le mesme Histo-
rien represente fort au long touchant leurs sentimens, & leur conduite. Or il n'y a point
d'apparence, que le Peuple en general eut d'autres sentimens sur ces matieres, que ceux de
leurs Docteurs. Et ainsi nous ne voyons pas
que ce, que le Pere Malebranche nous en debite

icy

† *Supplement aux Ceremonies des Juifs*, ch. 2.
* *Livre second de la guerre des Juifs*, chap. 12.

icy, ait aucun fondement. Il l'a pris apparemment de quelques Nouveaux Rabbins ;
† gens, comme chacun sçait, auſſi ignorans
qu'il ſe puiſſe dans l'Hiſtoire de leurs Anceſtres.
Et même je ne ſçai ſi quelqu'un d'entre-eux a
pû la luy fournir. Car ‡ le Rabbin Maimonides,
qui paſſe d'ordinaire pour un des plus ſçavans &
des plus judicieux Rabbins, qu'ils ayent eu depuis ſix à ſept cent ans, parlant des ſentimens
des Docteurs Juifs, tant de ceux qui ont veſcu
avant la venuë de Jeſus-Chriſt, que de ceux quī
l'ont ſuivi juſques à luy, nous les repreſente tous
inclinans à nier la Providence de Dieu, en tout,
ou en partie ; bien loin de luy attribuer à elle
ſeule tout ce qui ſe faiſoit dans le monde. Ainſi
donc, quand l'Ecriture Sainte a parlé aux Juifs
du concours de la premiere cauſe avec les cauſes
ſecondes dans les effets de la nature, elle ne leur
a rien propoſé de nouveau ; rien, qui ait pû les
ſurprendre ni les jetter dans l'erreur. Au fonds,
quand ils n'auroient pas eſté ſi bien inſtruits de
ce concours qu'ils l'eſtoient, eſt-ce un point ſi
difficile à comprendre, qu'ils n'euſſent pû le
concevoir lors qu'elle leur en auroit parlé ? S'il
s'agiſſoit de la maniere, dont ce concours s'accorde avec l'action des creatures dans la production des choſes, ou meſme de la nature de ce
meſme concours, il ſe peut qu'ils y auroient
trouvé de la difficulté, nous ne le nions pas ;
puis que les Scholaſtiques les plus ſubtils y ſont
embaraſſez ; mais il n'eſt queſtion que de

E 3   ſon

---

† *Voy le Pere Simon Hiſt. Crit. liv.* 1. *chap.* 2.
‡ *Dans ſon livre intitulé*, Doctor perplexo-
rum, 2. *partie, chapitre* 17.

son existence, qui n'est pas une matiere qui soit extrememeent difficile. Deplus, quant les Juifs, qu'on nous propose si grossiers, auroient du avoir de la peine à le concevoir, est-ce que pour l'amour d'eux Dieu, qui est si benin, & si zele pour la gloire de son Nom, auroit caché aux hommes une verité si importante à leur salut, & à sa gloire ? Il me semble que dans les livres du Vieux & du Nouveau Testament, il y a bien des choses pour le moins aussi difficiles : Le Mystére de la Trinité, par exemple, l'Incarnation du Fils de Dieu, la Redemption, que nous avons en son Sang, & semblables. Cependant quoy qu'il sçeut bien qu'elles scandaliseroient ce Peuple, & luy seroient occasion de sa ruine & de sa rejection, il n'a pas laissé pour cela de les leur proposer dans l'Evangile. Ce ne sont donc pas là des raisons qu'il faille alleguer contre ce concours, Qu'il auroit esté une occasion de scandale aux Juifs, & les auroit jettez dans l'erreur. Mais que veut-on dire, lors que pour esloigner entierement ce concours, on adjoûte, *Que les Ecrits du Vieux & du Nouveau Testament n'ont esté faits que pour les Juifs, & point du tout pour les Theologiens de ces tems icy.* Si on ne vouloit dire autre chose, sinon que ces livres n'ont point esté faits pour les Theologiens de l'Echole, qui effectivement ne les lisent presque point ; ou s'ils le font, ne les entendent point du tout, & s'en servent d'une maniere pitoyable ; nous accorderions peut-estre la chose : mais apparemment ce n'est pas ce qu'on veut, & on n'a pas dessein de faire un jugement si desavantageux de ces Docteurs Angeliques,

ques , Illuminez , & Irrefragables. On veut
dire sans doute , que ce n'est pas principalement
pour les Chrétiens , mais pour les Juifs, qu'ils
ont esté ecrits , & qu'ainsi ils ont dû estre con-
formes à leurs sentimens. Et c'est ce que nous
ne comprenons point. Car qui ne sçait dans le
Christianisme , qu'à la verité les Oracles de
Dieu étoient premierement destinés pour Israël,
mais , que comme il s'en devoit rendre indigne
par ses impietez , ils devoient aussi luy estre
ôtez , * & de Sion passer à toutes les autres na-
tions ; † & qu'endurcissement devoit arriver à
ce Peuple , jusques à ce que la plenitude des
Gentils fut introduite. Personne , dis je , n'i-
gnore ces veritez ; c'est pourquoy je suis surpris
qu'on vienne icy poser si affirmativement , *Que
les Livres Sacrez n'ont point esté faits pour les
Theologiens de ce tems.* Et puis , s'ils n'ont
point esté faits pour eux , pourquoy est-ce que
le Pere Malebranche Theologien de ce tems ,
illustre & fameux, se met tant en peine d'en eluder les passages , qui luy sont contraires , & employe tant de pages pour montrer qu'ils ne sont
rien contre luy ? Il y a long-tems que dans sa
Communion on a marqué peu de respect pour
la Divinité de ces Livres , jusques-là qu'on leur
egale quantité d'ecrits purement humains , &
mesme remplis des dernieres foiblesses de l'humanité ; mais jusques icy il y a eu peu de gens ,
qui ayent porté le mepris si loin , que de dire ,
qu'ils ne nous regardent presque point ; si le
Pere fait quelque reflexion là-dessus , j'ay assez

E 4   bonne

* *Esaye chapitre deuxiéme.*
† *Epître aux Romains chapitre onziéme.*

bonne opinion de sa pieté pour croire qu'il des-
avoüera ces paroles. Quoi qu'il en soit, S. Paul
nous disant expressement, 1 *Que toutes les choses
qui ont esté escrites*, dans ces Livres Sacrez, *l'ont
esté pour nostre endoctrinement, afin que par pati-
ence & consolation des Ecritures, nous ayons espe-
rance*, nous nous arrêterōs plûtost à ce qu'il nous
en dit, qu'à ce que nous en assure ce Pere. Et
comme ils nous enseignent en mille & mille
endroits avec la derniere evidence, que les creatures ont de la vertu, nous ne le revoquerons
point en doute, mais en ce point, comme en
tout autre, les escouterons avec tout le respect
& toute la reverence possible.

CHAP. VIII.

*Que la raison establit aussi l'efficace réelle
des causes secondes; & on le montre
par un detail exact des conditions
requises dans une veritable cause, qui leur conviennent
parfaitement.*

L'Experience, le Jugement des Sçavans,
& l'Ecriture Sainte sont manifestement,
comme nous l'avons veu, pour l'efficace des
causes secondes; il ne reste plus que la Raison,
qu'on puisse employer pour la soûtenir, laquelle
ne luy est pas moins favorable que le reste.
Quelle apparence en effet, qu'elle soit contraire tant à ce que Dieu nous enseigne en sa Parole,
qu'à ce que la droite Philosophie & la Nature
dictent.

1 *Epitre aux Romains chapitre* 15.

dictent.   Non , il n'est pas possible qu'elle choque tant soit peu l'un ou l'autre.   Il y a bien
quelque diversité dans les diverses parties de lumiere , qu'on remarque sur les Corps terrestres,
sur les Estoiles du Firmament, sur le Soleil, & sur
la Lune, mais elles ne sont point opposées; au cō-
traire elles côspirent toutes unanimemēt à nous
manifester les beautez de l'Univers.   Il en est de
mesme des Sens, de l'Ecriture , du jugement des
Sçavās & de la Raison; leurs témoignages peuvēt
bien estre un peu differens en quantité de rencontres :   mais ils ne se choquent point sur une
mesme matiere ; quoi qu'il ep soit , ils s'accordent parfaitement sur ce sujet icy.   Il n'est pas
possible , en un mot , que tous les sens, que les
habiles gens de tous les siecles , & que Dieu dans
ses Oracles posent cette efficace sans fondement
& sans raison.   Mais escoutons ce que la Raison
nous enseigne là-dessus. Les Defenseurs de l'inef-
ficace des causes secondes se figurent qu'ils l'ont
toute pour eux ; mais je crains qu'ils ne se trompent , & qu'ils ne prenent leur raison particuliere pour la raison generale :   & il se trouvera au
bout du conte , qu'ils paroîtront autant derai-
sonnables qu'ils nous jugent sensuels.

On appelle cause en general Tout *ce, dont
un effet s'ensuit.*   De quelque maniere qu'il s'en
ensuive, pourveu qu'il en vienne effectivement,
il est censé sa cause.   *a* Voila l'idée qu'on donne
ordinairement d'une cause, que je ne vois pas ,
qu'on puisse contester.   Elle est à la verité un

B 5

peu

a Thomas 2. Phys. lect. 10.
  Les Scholastiques dans Suarez , Dispute 7.
de Metaphysique , sect. 2.

peu vague, mais aussi est-il une infinité de causes differentes, ausquelles il faut qu'elle convienne. C'est pourquoy on ne doit pas estre surpris, si elle est fort estenduë.

Suivant cette idée il y a deux sortes de causes; les unes sont simplement *Occasionnelles*, & les autres sont *Réelles*. Les premieres sont celles, *qui, bien qu'elles soient employées pour la production d'un effet, n'y deploient pourtant aucune efficace; ou, si elles y en deploient quelque peu, elle ne va pas jusqu'à l'effet pour le produire.* Elles ne servent donc qu'à determiner par leur presence la veritable cause à agir & à luy donner l'existence; si bien qu'elles sont plûtost des signes, qui marquent qu'il sera produit, que non pas des principes, qui concourent à sa production. Tel est, par exemple, le commandement que Josué fit autrefois au Soleil de s'arrêter au milieu de sa course. Il l'arrêta bien effectivement, mais il ne le fit point par sa vertu, ce fut seulement un souhait & un commandement, à l'occasion duquel l'Eternel luy-même suspendit le cours de cet astre. Telle fut encore la salive que nôtre Seigneur Jesus employa dans l'Evangile pour rendre les yeux à un aveugle. Il se peut bien, qu'elle avoit d'elle même quelque vertu pour dissoudre tant soit peu les humeurs, ou les autres obstacles, qui empêchoient qu'il ne vit, & que par cette vertu elle contribua quelque peu à les dissiper; mais cet effet fut si soudain, & si miraculeux, qu'il ne pût partir que de la puissance infinie du Sauveur du monde, lequel voulut se servir en cette occasion d'un instrument si foible pour faire davantage éclater sa puissance

& sa

& sa bonté. Quant aux causes réelles, *ce sont celles, qui par une veritable action concourent à la production de leurs effets ; soit que cette action aille elle-même jusques a eux pour les produire, soit que ne pouvant pas y aller, elle soit soutenuë par celle de quelques autres, qui suppléent à son defaut.* Quoi qu'il en soit, elles operent réellement, ou seules, ou jointes avec d'autres. Tel est, par exemple, le feu lors qu'appliqué immediatement à du bois, il l'echauffe ou le consume. Telle aussi l'ame raisonnable dans l'homme, lors que par l'entremise de la main, elle remuë quelque corps, lequel apparemment elle ne sçauroit remuer sans son assistance.

Suivant ces descriptions les causes occasionnelles peuvent donc deployer quelque vertu dans la production de leurs effets, mais comme elle n'a point de proportion avec eux, elles ne passent pas pour de veritables causes. Aussi d'autre côté il se trouve souvent, que les causes réelles n'ont pas assez de force pour produire leurs effets, si d'autres ne les secourent ; neanmoins d'autant qu'elles y concourent effectivement, & pourveu qu'on leur aide, le produisent, pour ce sujet elles portent la qualité de réelles. Mais il faut examiner un peu plus soigneusement les conditions requises dans une veritable cause, pour juger de là si les causes secondes le sont quelque fois, ou si elles ne sont jamais que de pures occasions.

La premiere chose, qu'il faut dans une cause réelle, est, *Qu'elle contienne en soy, de quelque maniere que ce puisse estre, l'effet, qu'elle doit produire.* Il n'est pas toûjours necessaire, qu'elle

le contienne *formellement*, comme on parle dans
les Echoles, n'y qu'elle ait en soy expressement
les mesmes perfections. Car s'il le faloit absolument, un grand nombre de veritables causes ne
pourroient estre censées telles, d'autant qu'elles
ne possedent point formellement les perfections
qu'on voit dans leurs effets. Dieu luy-mesme,
par exemple, qui est la source, dont tout decou-
le, ne pourroit passer pour le principe des corps,
qui sont dans l'Univers ; parce qu'il n'y a en luy
ni matiere, ni figure, ni mouvement, ni autres
telles choses, qui en constituent l'essence. Mais
si une cause n'a pas formellement les perfections
qui sont dans son effet, il faut pourtant qu'elle
les possede *eminemment*, & qu'il y ait en elle
quelque chose d'equivalent pour le pouvoir produire. Et certes si un agent ne possedoit pas, de
l'une ou de l'autre de ces deux manieres, tout ce
qui se trouve de perfection dans un effet, lequel
on suppose proceder de luy seul, il faudroit que
ce que n'a pas cet agent, & qui pourtant se trouve dans son effet, vint du neant ; ou plûtost,
n'eust point de cause. Ce qui est absolument
impossible.

　　La seconde qualité, qui est requise dans une
cause proprement dite, est, *Qu'elle ait une telle
proportion avec son effet, qu'on voye evidemment,
qu'il en puisse venir.* Cette seconde condition
paroît peu differente de la premiere ; mais, outre qu'elle en est differente, c'est qu'elle l'estend
& l'eclaircit beaucoup ; quoi qu'il en soit, il est
tout-a-fait necessaire de l'y ajoûter, comme
nous allons le montrer. Il faut, disons-nous,
que toute cause ait une telle proportion avec

l'effet,

l'effet, qu'elle produit, que non seulement elle
en contienne toutes les perfections, mais que de
plus il y ait entre-elle & luy une telle convenance, qu'on juge constamment, qu'il en puisse
decouler. Il n'est pas requis, comme semblent
le souhaitter ces Messieurs, contre lesquels nous
disputons, * que cette proportion soit de telle
nature, que la cause estant posée on voye incontinent l'effet en naître, & qu'il y ait entre-eux
un lien indissoluble ; car selon cette supposition
il n'y auroit point de causes libres, toutes seroient absolument necessaires. Il suffit que cette
connexion soit telle, que l'effet puisse proceder
de la cause dans les occasions ; & mesme qu'il en
suive necessairement toutes fois & quantes, qu'on
supposera qu'elle est en action pour le produire :
au moins s'il n'intervient quelque autre cause
plus puissante, qui en empesche l'efficace. Voila
toute la proportion qu'il faut. Imaginons-nous,
par exemple, deux corps de mesme grandeur,
de mesme figure, & de mesme solidité, &, en un
mot, parfaitement semblables en nature & en
qualitez ; si bien que tout ce que l'un possede de
perfection l'autre l'ayt semblablement ; & que
l'un soit, l'autre ne soit pas, mais que seulement
il puisse estre. Nous ne saurions pourtant assurer sur cette egalité de perfections, & cette convenance, que le premier ait la puissance de produire le second, s'il n'y a rien d'avantage. De
quelque côté, qu'on les examine tous deux, &
avec quelque attention, qu'on les considere, on
ne remarque point que l'un puisse suivre de l'autre. En voulez-vous savoir la raison ? C'est qu'on

E 7

n'y

* Recherche de la verité, liv. 6. chap. 8.

n'y remarque point une subordination soffisante,
ni la proportion requise à ce que de l'existence
de l'un suive la production de l'autre. En un mot,
nous ne supposons pas que le Souverain Arbitre
de toutes choses ait rien statué sur la liaison des
deux. Voila l'obstacle. Mais posons que celuy
des deux, que nous voulons, qui produise l'autre,
possede toutes les perfections, qu'il luy doit departir; qu'il y ait entre-eux quelque convenance,
& que là-dessus le Souverain Maître de l'Univers
ait arreté qu'il le produira dans son tems, & que
mesme pour cette raison il luy fournira en ce
tems-là son secours; supposons, dis-je, toutes
ces choses, & nous verrons clairement, que l'un
peut tres-bien suivre de l'autre.

On nous dit, † *Qu'on ne sait pas ce que c'est
que force & que puissance dans les creatures. Que
quelque effort qu'on fisse pour le comprendre on
ne peut trouver d'idée, qui le represente; Que
ceux qui soutiennent, qu'elles en ont, avancent
ce qu'ils ne conçoivent pas clairement; Qu'on
n'en peut trouver, que dans la volonté de l'estre
souverainement parfait; Que les Philosophes ne
conviennent point là dessus, les uns faisant consister cette force dans une chose, les autres dans
l'autre; Que c'est une fiction de l'esprit, que
que chacun s'est imaginé a sa fantasie, & autres telles choses,* par lesquelles on pretend la
destruire. Mais selon ce que nous venons d'eta-
blir il est aisé de respondre à ces difficultez. Et si
les Scholastiques ont mal representé cette vertu
des creatures, & par la multiplicité de leurs sentimens,& par leurs divisions ont embrouillé cette
matiere,

† *Eclaircissement cy-dessus cité.*

matiere, il ne s'enfuit pas de là, qu'on ne puisse
montrer aisément ce que c'est, en suivant d'autres routes. Ce ne sont pas, comme ils se sont
figurez, quelques menuës entitez differentes de
la substance des causes, par l'entremise desquelles elles agissent. Ces entitez sont inutiles, on
a raison de dire, qu'on ne sçait ce que c'est. Ce
ne sont pas non plus quelques qualitez, dont elles soient revetuës pour agir. Telles qualitez
peuvent bien leur aider en agissant, mais ce
n'est pas toute leur force. C'est la substance des
causes mesmes, la pensée dans les esprits, l'estenduë & la figure dans les corps, considerées comme ayant de la proportion avec les effets, qui en
doivent suivre ; le tout soûmis aux ordres & à la
volonté de Dieu, le tout soûtenu de son concours, avant qu'il puisse operer. Voila justement
ce que c'est que cette puissance, qu'on trouve si
inintelligible. Nous ne voyons pas qu'il soit difficile d'en avoir une idée : mais parce qu'on ne
veut point y regarder on dit qu'on ne la peut
voir. Si on veut supposer, comme on insinuë
que nous le faisons, la creature independante de
Dieu, la soustraire à ses ordres & à sa providence, & en un mot se figurer qu'elle agit sans
son impression & son concours, de vray toute sa
vertu ne sera qu'une pure fiction, comme on
parle ; mais qu'on renonce à ses prejugez, &
qu'on escoute de quelle maniere nous la repre-
sentons, nous osons assurer qu'on en aura une
connoissance distincte.

Au reste il ne faut pas s'imaginer que cette
puissance des causes secondes, quelque proportion qu'elle aye avec ses effets, les produise,

si elle

sielle n'y est determinée par quelque action, & par
quelque mouvement. Bien qu'elle n'agisse pas
actuellement, elle pourra bien avoir la qualité
de cause, pourveu qu'elle puisse le faire dans les
occasions, mais s'il est question de produire son
effet, il faut de toute necessité, qu'elle deploye
pour cela sa vertu par quelque action réelle.
Nous ne determinons point en particulier de
quelle nature doit estre cette action, s'il faut
qu'elle vienne de la liberté de la cause, qui agit,
ou de l'impulsion d'un agent superieur, qui la
meuve si elle doit estre violente ou naturelle ; si
seule ou jointe avec l'action d'un autre cause,
nous n'entrons point la dedans, parce que ces
particularitez regardent les causes singulieres :
mais pour ce qui est d'une cause en general, nous
soûtenons qu'elle ne peut produire aucun effet,
qu'on n'y conçoive ou mouvement local, ou
volonté, par le moyen desquels elle agisse. Et
voila la derniere condition requise dans une cause réelle, pour en avoir la qualité. De fait, ne
supposez ni mouvement sensible, ni pression, ou
mouvement insensible dans un corps, & vous
verrez s'il produira jamais rien. Supposez pareillement, qu'un esprit soit privé de toute
pensée, qu'il ne connoisse, ni ne veüille rien du
tout ; supposez-le, dis-je, s'il est possible, par
quelque abstraction ; & vous verrez s'il produira
la moindre chose. En un mot, de l'immobilité,
du repos, & du neant, rien ne peut estre produit ;
c'est pourquoy tous les Philosophes, qui ont jamais cru que Dieu estoit le premier principe de
toutes les creatures, l'ont toûjours conçû comme un Estre agissant incessamment ; pleinement
persua-

perſuadez, que s'il ſuſpendoit ſon action pour un moment, toutes non ſeulement ceſſeroient d'agir, mais retourneroient incontinent dans le neant, dont il les a tirées.

Voila les conditions qu'on exige dans une veritable cauſe pour luy donner ce titre ; nous ne penſons pas qu'on puiſſe y ſouhaitter rien davantage. Il n'eſt perſonne, qui n'avouë qne Dieu merite parfaitement cette qualité ; cependant nous ne voyons pas, qu'il y ait en luy autre choſe pour la meriter. Il poſſede eminemment toutes les perfections, qui ſont dans les creatures. Entre ſa puiſſance, qui les produit, & elles, il y a toute la proportion, qu'on ſauroit ſouhaiter ; toutes fois & quantes qu'il deploye cette puiſſance pour leur donner l'eſtre, elle obtient infailliblement ſon effet, & rien n'en peut empêcher l'efficace. Qu'on cherche tant qu'on voudra, on ne trouvera en luy que ces trois choſes, qui nous obligent à luy donner la qualité de cauſe réelle. Si les meſmes ſe rencontrent dans les creatures, & s'y rencontrent dans le degré, & dans la proportion, que requierent les effets qu'elles produiſent ; on ne peut leur refuſer la meſme qualité. Or il eſt conſtant qu'elles s'y trouvent dans cette proportion.

Premierement pour ce qui eſt des perfections, dont il faut qu'elles ſoient revetuës, à ce qu'elles puiſſent les communiquer leurs effets ; peut on dire qu'elles ne les ayent pas, puis que la plus part d'entre-elles ſont infiniment plus nobles, que ces effets, & que les autres les egalent pour le moins en dignité. Un champ, qui arroſé de la pluie, & eſchaufé des raïons du Soleil, pouſſe

une

une plante ; une plante, qui humectée de la terre, & vivifiée des influences des cieux, meurit
un fruit ; un animal, qui en engendre un autre
de mesme espece ; un Ange, qui forme dans son
sein quelque pensée, & quelque desir, toutes ces
choses ne possedent-elles pas les perfections, qui
sont dans leurs ouvrages, & mesme quelques
unes d'entre-elles n'en ont-elles pas de plus re-
levées & de plus excellentes ? Il ne manque
donc rien de ce côté aux creatures pour estre es-
timées de veritables causes.

Pour ce qui est en suite de la proportion, qu'il
doit y avoir entre-elles & leurs effets, ne s'y
trouve-t-elle pas aussi toute telle, qu'on la peut
souhaitter ? Il y a le plus souvent une subordination naturelle entre elles & eux, fondée sur
leur condition reciproque ; si bien que, quant
vous ne supposeriez aucune cause superieure, qui
les eut disposées pour la production de ces effets,
vous ne laisseriez pas pour cela de juger qu'elles
sont destinées à les produire. Ouy, dis-je, quant
vous seriez un parfait Epicurien, & tiendriez
qu'il n'y a ni Destin, ni Sagesse Divine, qui ait
establi l'ordre des choses, mais que toute sorte
d'evenemens sont purement casuels ; cependant
en voyant la nature, & les qualitez de la plûpart
d'entre-elles, vous protesteriez qu'il n'est pas
possible, que telle ou telle ne doive produire un
tel ou tel effet ; le Soleil, par exemple la lumiere ; le feu la chaleur, &c. tant elles ont de convenance & de raport avec eux. He ! que sera-ce
si on vient à y ajoûter un Agent Superieur, infiniment Sage & puissant, qui par des loix immuables ait establi que ces causes produiront ces
effets

effets dans leurs tems ? Pourra t-on nier qu'elles n'ayent de la proportion avec eux, & qu'elles ne les puissent produire, lors que ces tems arriveront, & que pour ce sujet elles deployeront leur vertu ?

† *Mais*, dit-on, *y a-t il d'autre force dans le monde, que la volonté de Dieu, & cette volonté se peut elle communiquer aux creatures, sinon peut-estre de cette maniere icy : qu'il vueille, que lors qu'un homme, ou qu'un Ange, souhaitent qu'un tel corps, par exemple, soit mû, ce corps le soit effectivement ? Or en ce cas, quelle des deux volontez sera la vraye cause de ce mouvement ? N'est-ce pas celle, entre laquelle & l'effet il y a une liaison necessaire ; & non l'autre, qui d'elle-mesme n'y a aucune proportion ?* Voila a-peu-pres de quelle maniere on raisonne. J'avouë que la Volonté de Dieu est la derniere perfection de toute la puissance qu'il y a, & dans Dieu, & dans les creatures ; parce qu'il n'en est point, qui puisse agir, sans qu'elle la determine, & sans qu'elle regle son efficace ; selon que nous l'enseigne S. Paul, quant il nous assure, * *Qu'il opere toutes choses, selon le bon plaisir de sa Volonté.* Mais de dire que cette volonté soit toute la puissance & toute la vertu, qu'on remarque dans le monde, on ne le peut, à moins qu'en même tems on ne vueille soutenir qu'elle est aussi tout ce qu'on y voit de réel & d'existent. Il se peut qu'en Dieu il n'y ait point d'autre puissance qu'elle ; pour ce qui est des creatures, il n'en est pas de mesme. Elles
n'ont

† *Recherche de la Verité, livre 6. chap. 3.*
* *Epitre aux Ephesiens chapitre premier.*

n'ont point à la verité de force ni de vertu, qui
ne dependent de la volonté de Dieu; mais par
cette même raison qu'elles en dependent, elles
en sont differentes. Et en effet comme elles ont
une volonté differente de la sienne, pourquoy
est-ce qu'elles n'auront pas tout de mesme une
une efficace differente? S'il veut qu'elles veuillent, pourquoy ne voudra-t-il pas qu'en voulant elles agissent, quant mesme elles n'auroient
d'autre faculté d'agir que leur volonté? S'il a
bien pû leur faire part de quantité de ses autres
perfections, pourquoy n'aura-t-il pas pû leur
faire part aussi de quelques degrez de sa puissance? Je ne vois pas qu'il y ait d'impossibilité. Et
ainsi il ne faut point qu'on nous die, qu'il ne
peut leur communiquer sa volonté, qui est sa
puissance, sinon de cette maniere; qu'il arrête
que lors qu'elles souhaiteront quelque effet, il
sera infailliblement produit; mais sans que leurs
souhaits y contribuent par aucune efficace réelle.
Mais, ajoûte-t-on, si Dieu & la creature veulent en mesme tems un mesme effet, le mouvement, par exemple, d'un corps, par deux volontez differentes, laquelle des deux en doit
estre censée la veritable cause? ou celle, entre
laquelle & le mouvement il y a une liaison necessaire, qui est la volonté de Dieu; ou l'autre,
qui n'y a nulle proportion, c'est assavoir celle de
la creature? Il est aisé à satisfaire à tout cela.
Ni l'une ni l'autre separement n'en doit estre re-
putée la cause, mais toutes deux conjointement;
puis qu'elles agissent ensemble, qu'elles sont
sous ordonnées, & que mesme selon l'adveu du
Pere, *Eadem est numero utriusque actio.* Au
reste

reste pour attribuer un effet à une cause, il n'est
pas necessaire, qu'on la suppose toûjours reve-
uë d'une puissance infinie, & qu'elle l'obtienne
infailliblement dans toutes les occasions. Il suffit, qu'elle l'obtienne dans quelques unes. Il peut
y avoir des vertus limitées, qui quelques fois
pour des obstacles, qui interviennent, ne peuvent parvenir à leur but ; tout de mesme qu'il en
est une infinie, qui, quelque empêchement, qui
se presente, parvient toûjours au sien. Il n'y a
pas plus d'impossibilité dans l'un que dans l'autre ;
au moins n'y en voyons-nous pas plus : Si le Pere
Malebranche y en voit, il est le seul, qui y en ait
jamais veu. Et puis, si les causes secondes n'a-
gissent jamais, selon que nous le posons, que
tous les ordres, la volonté, & l'impression de
la premiere, dont la vertu est infinie, & que de
plus leur action soit la mesme que la sienne,
comme nous le tenons, & le Pere aussi ; l'effet
de la premiere peut-il estre infaillible que le leur
ne le soit pareillement ?

On allegue encore, † *Que si Dieu peut
communiquer à un homme, ou à un Ange, la
puissance de mouvoir les corps, il pourra aussi
leur departir celle de créer, d'aneantir, & les
rendre tout-puissans ; parce-que, comme toute la
puissance, qu'il leur ottroye, consiste en ce, qu'à
leur volonté il remuë les corps, il peut pareillement à leur volonté créer, ou aneantir telle, ou
telle chose.* Nous avons dé-ja remarqué cy-dessus, que, quant il n'y auroit d'autre puissance
en Dieu, que sa volonté, il n'en est pas de mesme des creatures. Le Soleil, la terre, un arbre,

peuvent

† *Recherche de la Verité, liv. 6. chap. 8.*

peuvent agir, cependant ils n'ont point de volonté. Et ainſi on ne peut pas dire univerſellement, que toute la puiſſance, que Dieu a oc-
troyé aux cauſes ſecondes conſiſte en cecy, qu'à
leur volonté il opere tel, ou tel evenement. Et
meſme en celles, qui ſont doüées de ration, &
de volonté, autre choſe eſt leur volonté, a proprement parler, & autre leur puiſſance. Ce n'eſt
pas que la puiſſance ne depende eſſentiellement
de la volonté, & qu'elle ne tienne d'elle ſon efficace en quelque ſorte, parce qu'elle ne peut agir
qu'elle ne l'excite & ne la regle, mais tant-y-a
que nous en avons deux idées differentes. Je
veux au fonds, que ce ſoit une ſeule & meſme
faculté, & que toute la vertu que Dieu communique a cette ſorte de cauſes, conſiſte en cecy, qu'à
leur volôté, il opere un tel, ou tel effet, il eſt conſtant qu'elles peuvent y travailler avec luy. Car
s'il peut leur faire part de ſon Eſtre, & de pluſieurs de ſes autres perfections, nous ne voyons
point d'impoſſibilité a ce, qu'il leur faſſe part
auſſi de ſa puiſſance; & meſme comme l'eſtre &
la puiſſance ſont inſeparables en luy, il ne paroît
pas poſſible, qu'ils ſoient ſeparés dans les creatures. Au reſte la meſure qu'il leur depart de ſes
perfections eſtant de toute neceſſité finie & limitée, il n'eſt pas poſſible, que la puiſſance, qu'il
leur depart, ne le ſoit ſemblablement. Nous ne
ſçaurions a la verité determiner preciſément juſques à quel degré il peut leur en faire part; il eſt
pourtant certain qu'il ne peut la leur communiquer dans la meſme meſure qu'il la poſſede, c'eſt
à dire infinie, & illimitée; un ſujet fini, tel
qu'eſt la creature, n'eſtant pas ſuſceptible d'une
puiſ-

puissance infinie. S'il faut donc pour créer, ou
pour aneantir, une vertu illimitée, comme on
le tient ordinairement, sur ce qu'on ne conçoit
point qu'autre qu'une puissance infinie puisse en
un instant à sa volonté tirer du neant la moindre
chose, lors qu'elle n'est point ; ou lors qu'elle est
& qu'elle existe positivement, l'y replonger aussi
en un moment par la mesme volonté, s'il faut,
dis-je, pour l'un ou l'autre de ces effets une vertu
sans bornes, il s'ensuit de là, que, quelques degrez de sa puissance que Dieu departe aux creatures, il est neanmoins impossible, qu'il leur donne la force d'aneantir & de créer. Et il ne sert
de rien d'alleguer, *que comme à leur desir il peut*
remuer tel, ou tel corps, il peut avec la mesme
facilité au mesme desir en créer tel ou tel. Car
si elles ne concourent à l'un & l'autre de ces evenemens, que par leurs seuls desirs, & qu'elles
n'agissent pas plus dans le premier, qu'elles font
dans le dernier, il est constant qu'elles n'en seront que des causes occasionnelles ; mais tout de
mesme que la volonté de Dieu, qui en est la premiere cause, y opere differemment, & qu'elle
agit infiniment plus dans la creation d'un corps,
lors qu'il n'est point du tout ; que dans le mouvement, qu'elle luy imprime, lors que de-ja il
existe ; semblablement aussi la volonté de la creature y peut concourir diversement, & par consequent estre dans le mouvement cause réelle,
quoi que dans la creation elle ne soit qu'une pure
occasion. La raison en est evidente ; c'est qu'il
n'est pas possible qu'elle agisse immediatement
sur le neant pour luy donner l'estre ; au lieu qu'il
ne repugne pas qu'elle agisse sur un corps, qui
est

est dé-ja, pour le faire changer de place.

Je sçai bien qu'on repartira, † *Qu'il faut une egale puissance dans l'un & l'autre de ces effets ; parce que mouvoir un corps d'un lieu en un autre n'est que le conserver successivement en divers lieux, & qu'au reste conserver un sujet & le créer sont absolument la même chose : Et de plus, que quant le mouvement d'un corps seroit different de sa conservation en divers endroits, toûjours faut-il pour ce mouvement une force infinie, parce-que donnant l'estre à une qualité, qui auparavant n'estoit point du tout, c'est une espece de creation.* Voila jusques-où ces Messieurs poussent leurs subtilitez. Nous aurons lieu dans la suite * de les examiner plus amplement. Cependant nous ne pouvons que nous n'y fassions presentement quelques legeres reflexions. *Si le mouvement n'est rien que la conservation d'un corps en divers lieux,* cette action n'ayant pour tout effet qu'une relation successive de ce corps à differens lieux, laquelle relation ne renferme rien de réel & de positif que ce corps & ces differens lieux, on anneantit par là toute sorte de mouvement. Ce n'est pas encore tout, il est certain, & on l'avoüe, qu'il ne se produit rien dans la nature, que par le mouvement ; voila encore tout ce qu'on apperçoit dans le monde outre l'estenduë des corps, voila, dis-je, leur figure, leur legereté, leur pesanteur, leur plaisir, &c. tout universellement reduit à neant, ou changé en pures apparences & en illusions.

Que

† *Malebr. Resp. à Mr. Arnaud sur un Eclaire. du Trait. de la nat. & de la gr. ch. 8. & ailleurs.*
* *Chapitre dernier de ce Traitté.*

que cette maniere de Philosophie est commode!
les autres s'embarrassent & se tuent à expliquer
le moindre effet de la nature ; mais celle-cy ex-
pedie tout en un moment, aneantissant tout,
ou pour le plus, le reduisant à quelques idées.
Je voudrois bien sçavoir ce que fait presentement cette Puissance infinie de Dieu, qu'on
nous prône tant, & qui est la seule, qui agit
dans le monde. Elle l'a creé il y a long-tems;
par la mesme action qu'elle l'a creé, il subsiste,
& subsistera eternellement ; Outre cela que pro-
duit-elle tous les jours ? de belles apparences,
d'agreables fantômes, de divertissantes illusions,
& rien de plus. Que c'est un bel ouvrage que
ce monde ! Il y a une masse de matiere indefi-
nie & rien davantage. L'admirable perspective!
Elle presente à vos yeux tout ce que vous sçau-
riez vous imaginer de divertissant & de beau ;
& au fonds il n'y a pas la moindre couleur, la
moindre figure, ni le moindre lineament. Il
n'y a qu'une estenduë immobile & tenebreuse.
Platon avoit grand raison de dire que le Monde
Sensible n'estoit rien, & qu'il n'y avoit de realité que dans l'Intelligible ; & l'Ecriture Sainte,
que nous ne nous promenons que parmi des apparences. Mais par malheur ils l'entendoient
d'une autre maniere que nos Defenseurs de l'in-
efficace des causes ; ce monde sensible & ces apparences, dont ils parlent, sont un peu plus
que rien. *Le mouvement*, dit-on, *n'est autre
chose, que la conservation d'un corps en plusieurs
lieux.* S'il n'est rien que cela ; par la raison des
contraires le repos ne sera rien, comme aussi
on le confesse, que la conservation d'un corps

en un seul lieu. Or si l'un & l'autre ne sont autr
chose, l'un & l'autre seront egalement réels
& egalement positifs, dautant qu'un seul lie
est aussi réel que plusieurs, & un conservatio
aussi positive que l'autre ; cependant il nou
semble que ce n'est pas là le sentiment du Pere
à moins qu'il n'en ait bien changé depuis qu'il
mis au jour son * *Traité de la Recherche* ; ca
il y fait tous ses efforts pour prouver contr
Descartes, que le repos est une pure privation
au lieu que le mouvement est une qualité positi
ve. Que deviendront tant d'argumens qu'il
employés pour montrer que le repos n'es
qu'une privation, s'il est aussi positif que l
mouvement. Apparemment il ne pensoit pa
en ce tems-là à ce qu'il nous debite aujourdhui
De plus, *Si le mouvement n'est rien que la con
servation d'un corps en plusieurs lieux*, & poin
une qualité, qui survienne à ce corps ; & que
d'ailleurs *la conservation ne soit rien que la crea
tion du mesme corps*, il s'en suivra qu'estre pro
duit, conservé, & meu, seront une seule & mê
me chose, diversifiée seulement par quelques
circonstances, comme sont, le tems, le lieu,
& semblables. Et ainsi il n'y aura rien de vieil
dans le monde ; tout n'y sera que du moment
present, auquel la premiere cause luy donne
l'estre. Peres, enfans, jeunes & vieux, tous
seront d'un mesme âge, ou plûtost n'auront au
cun âge, parce qu'ils n'existent que de cet in
stant qui coule, auquel Dieu les produit. Je
sçai bien qu'il y a quantité de Philosophes, qui
sont de cette opinion ; mais je sçai bien aussi,

qu'a

* *Livre 6. chapitre* 14.

qu'a moins qu'ils n'apportent diverses modifications qui l'adoucissent, & la changent entierement, ils ne peuvent la soûtenir.

Mais *quant mesme le mouvement d'un corps,*
ajoûte-t-on, *seroit different de sa conservation*
en divers lieux, & que ce seroit une qualité
positive differente réellement de sa substance,
toûjours il faudroit une puissance infinie pour la
produire ; puisque n'ayant nulle realité, avant
qu'elle soit produite, elle est tirée du neant
quand elle commence à exister. Cette raison
auroit quelque apparence, si le mouvement
estoit de mesme nature, que les accidens des
Peripateticiens, qu'ils conçoivent comme des
estres pleinement differens des sujets, où ils
sont ; mais il est d'une toute autre condition.
Car ce n'est qu'une maniere d'estre, tellement
dependante du sujet, qui se meut, que ce sujet
en fait la principale partie ; si bien qu'on ne peut
pas dire, qu'elle n'ait absolument aucune realité, avant qu'elle paroisse dans ce sujet. Et ainsi
lors que le mouvement vient à estre produit,
on ne peut pas dire absolument qu'il soit tiré du
neant. Il n'est que les substances qui soient
produites de cette maniere. Mais pour les accidens & les modifications, elles sortent, s'il faut
ainsi dire, du sein de leurs sujets. De fait, il
y a une difference infinie entre la maniere, par
exemple, dont l'Univers fut autrefois produit,
& celle, dont diverses parties, qui le composent, sont tous les jours agitées. Avant qu'il
fut creé, il n'y avoit rien du tout qu'une vaste
solitude, & de profondes tenebres, desquelles
il fut tiré ; aussi falut-il une vertu inconcevable

pour le tirer de cette obscurité ; mais presentement, qu'il existe, & que la plûpart de ses parties sont en action, s'il faut augmenter le mouvement de quelques unes, ou en donner à celles
qui n'en ont point du tout, il suffit que quelqu'
autre les heurte, & en les heurtant elle leur fait
aisement part de son agitation ; sans qu'elle ait
besoin pour cela d'une force infinie. Si elle en
avoit besoin, il faudroit pour les moindres effets
une mesme force, que pour les plus grands, &
les plus difficiles ; pour remuer un festu,
que pour transporter une montagne ; pour exciter une estincelle de feu, que pour produire
le Soleil. Ce qui est tout-à-fait absurde.

La derniere qualité, que nous avons dit estre
requise dans une veritable cause, pour estre ju-
gée telle, est, Qu'elle agisse dans les occasions,
& par quelque mouvement deploye sa vertu.
Cette qualité se trouve dans les causes secondes,
aussi bien que les precedentes : Et si elle ne s'y
trouvoit pas formellemēt, nous ignoreriõs absolument ce que c'est qu'action & que mouvement,
& il nous seroit du tout impossible d'en former
la notion. Il n'y a point de mouvement local
dans la cause premiere, point d'action réelle
differente d'elle-mesme, & il ne peut y en avoir;
parce que la simplicité de son estre, & sa souveraine perfection n'admet rien qui le puisse rendre composé, ni l'assujettir à la moindre variation. S'il n'y en a pas non plus dans les causes
secondes, & qu'elles ne puissent en admettre;
il s'ensuivra de là, qu'action & mouvement sont
de pures chimeres, & des estres de raison, qui
n'auront, ni ne pourront avoir, aucune realité.

En

En conscience, lors qu'on parle de mouvement,
d'action, d'efficace, ces termes sont-ils de vains
sons, qui n'ayent aucune signification ? N'y a-t-
il rien hors de nous, qui responde à ces idées ?
Sont-ce de pures imaginations ? A ce conte, soit
que nous pensions, ou que nous ne pensions pas,
que nous ayons une telle pensée, ou une autre
tout-à-fait opposée ; qu'un corps soit en mouvement, ou en repos ; qu'il se meuve d'une telle
maniere, ou d'une autre contraire ; tout est la
mesme chose, ou plûtost tout est egalement un
rien. Que si ce n'est pas un rien, ce ne sera que
la substance des choses, qui pensent, & qui se
meuvent, considerée par rapport à quelques objets, ou à quelques corps, qui l'environnent.
Quoi qu'il en soit, il n'y aura rien en tout cela,
qui ait la moindre ombre de ce, qu'on appelle
d'ordinaire mouvement & action. Quelle Metaphysique ! & quelle maniere d'expliquer les
choses ! Lors qu'un corps se meut, & en se
mouvant en choque un autre, il n'y aura là absolument que ces deux corps, & ceux qui les
environnent ; & d'ailleurs rien de ce, qu'on appelle mouvement, & qu'on conçoit sous ce ter-
me. En verité est-ce là ce, que les sens nous
attestent ? Lors encore que je pense à Dieu, il
n'y aura rien non plus en cela que mon ame, &
Dieu, qu'on suppose estre l'objet de ma pensée,
point d'idée differente de ces deux choses ? Et
ainsi, soit que je pense à Dieu, ou n'y pense pas,
tout sera egal. Car que je pense à Dieu, ou n'y
pense pas, Dieu & mon ame ne laissent pas d'ê-
tre. Que deviendra cet argument si celebre tiré
de la pensée, dont Descartes pretend demon-

F 3

trer

erer invinciblement, qu'il y a un Dieu ? Que
deviendra-t-il, dis-je, s'il n'y a point de pensée ? Ce grand homme, tous ses Disciples,
* le Pere Malebranche luy-mesme, qui s'en
sert, se moqueront du monde lors qu'ils
l'allegueront, puis que selon eux la pensée
n'est rien.

Il se peut, qu'on nous respondra, que de
vray il y a de la pensée dans les esprits, & du
mouvement dans les corps ; mais que l'un &
l'autre ne dependent point d'eux ; mais de Dieu
seul, qui les leur imprime, lors qu'ils pensent,
ou qu'ils se meuvent ; & que par consequent on
ne peut point les alleguer comme des preuves
de leur puissance, puis que ce ne sont pas
des actions à leur egard, mais des passions.
† *Corps, Esprits*, nous dit-on, *pures Intelligences,
vous ne pouvez rien. C'est celuy, qui vous a
faits, qui vous eclaire & vous agite.* Et ailleurs en parlant des esprits ; ¶ *Dieu nous pousse
sans cesse par une impression invincible vers le
bien en general. Il nous represente l'idée d'un
bien en particulier, ou nous en donne le sentiment. Enfin il nous porte vers ce bien particulier..... C'est la presence actuelle des idées particulieres, qui determine positivement nôtre mouvement vers le bien en general à des mouvemens vers des biens particuliers, & qui change
ainsi nôtre amour naturel en des amours libres.
Nôtre consentement, ou nôtre repos à la veüe
d'un bien particulier n'est rien de réel, ou de*
positif

* *Recherche de la Verité*, liv. 6. chap. 11.
† *Recherche de la Verité*, liv. 6. chap. 8.
¶ *Recherche de la Verité*, Tom. 3. Eclairc. 1.

positif de nôtre part. Tout ce qu'on pourroit,
dit-on, s'imaginer dans un esprit, qui puisse
passer pour action, n'est que le mouvement,
par lequel il tend incessamment vers le bien
general, ou la connoissance des biens particuliers, qui se presentent de tems en tems à luy ;
en tendant au bien en general, ou l'amour de
ces biens ; mais en toutes ces choses il ne se
meut du tout point ; c'est Dieu, qui le meut,
l'eclaire, & le determine. Quant aux corps,
on est encore plus exprés là-dessus. *Les corps
n'ont point la force de se remuer,* ajoute-t-on ;
*leur force mouvante n'est que l'action de Dieu,
& que sa volonté toûjours necessairement efficace,
laquelle les conserve successivement en divers endroits. Lors qu'un corps en choque un autre, il
ne le meut que par son action, ou sa force mouvante, qui n'est au fonds que la volonté de Dieu,
& il ne peut transmettre cette force parce qu'elle n'est point en luy.* Voila ce qu'on respond tou-
chât l'action, que nous attribuons aux creatures,
soit esprits, soit corps; qui est à la verité subtil &
ingenieux, mais n'a point de solidité ni de force.
Les creatures ne peuvent agir, je l'avoüé,
qu'en consequence du mouvement, que Dieu
leur imprime ; mais, comme ce mouvement,
est consideré sous l'idée d'une action à l'egard
de Dieu, dont il vient, & à l'egard des creatures, qui le reçoivent, sous l'idée d'une passion ;
il faut pareillement, que lors qu'une creature
le transmet à quelque autre, il soit censé à son
egard une action, & qu'il ait de l'efficace. Et
en effet, action & passion sont une seule & mê-

F 4

me

* *Eclaircissement penultiéme de la Recherche.*

me chose en substance, qu'on appelle action,
quand on la rapporte au principe, dont elle procede; & passion, lors qu'on la refere au sujet,
dans lequel elle est reçuë. Et ainsi, quoy que
l'impression de Dieu dans les causes secondes
soit dans un sens une passion, cela n'empesche
pas que dans un autre elle ne soit une action, &
ne puisse avoir de la vertu. De plus, je veux que
les causes secondes ne puissent rien que par l'impression, que la premiere leur a donnée, & qu'-
elle conserve en elles par une continuelle influence, toutes sans aucune exception ne sont
pas des troncs, ou des marbres immobiles, qui
n'aillent qu'autant qu'on les pousse. Celles, qui
sont doüées de liberté & de raison, comme les
Anges & les Hommes, sont en quelque façon
maitresses de cette impression, & la peuvent
determiner selon que bon leur semble; la suivre
& la suspendre, la destourner tantost vers un
objet, & tantost vers un autre, suivant les diverses occurrences. Or cela ne se peut faire
sans une vraye puissance, & sans une vertu active. On nous dit, que toute cette faculté qu'elles ont de la determiner, ne consiste qu'en ce,
qu'elles peuvent s'arrester aux differens objets
particuliers, dont l'Essence Divine leur fournit
les idées : Mais si elles n'ont d'autre puissance,
elles n'ont point de liberté, & voila ce glorieux
auantage, qui les esleve infiniment au
dessus de toutes les autres creatures, reduit à
une simple disposition à suivre les impressions,
qu'on leur donne, & commun aux pierres, aux
arbres, & aux autres creatures les plus viles, &
les plus insensibles. Car quoy, lors qu'une pie-
ze se

re se meut , n'a-t-elle pas la puissance de s'arrêter , ou changer le cours de son mouvement au
premier obstacle qui se presente ? Ou plûtost
d'estre arrestée ou detournée vers un autre endroit ? Toute la liberté d'un Ange , & cet empire souverain , qu'on luy donne sur ses actions,
ne sera donc autre chose , sinon une puissance
passive , par laquelle il pourra estre arrété au
moindre objet , qui le frapera , jusqu'à ce que
quelque autre vienne , qui l'en detâche & l'occupe ? En verité voila une grande prerogative.
Si toute la liberté des Anges & des Hommes se
borne à cette puissance purement passive , d'où
viendront les defauts & les dereglemens qui se
trouveront dans la conduite des hommes , lors
qu'au lieu de tendre vers le souverain bien , où
se mouvement de la premiere cause les dirige ,
ils s'amuseront aux vanitez de la terre , à ses
honneurs , ses plaisirs , & autres tels objets indi-
gnes de leur amour & de leur acquiescement ?
Les attribuëra-t-on à eux , qui ne sont que des
sujets purement patiens ; ou à Dieu , qui faisant
tout en eux, ne les côduit pas plus avant, mais les
arrête à toutes ces vanitez? Que le Pere se tourne
de quel côté il voudra , qu'il employe son adres-
se & toute sa Metaphysique , jamais il ne se ti-
rera de cette difficulté , s'il n'abandonne ses
principes. Mais que dirons-nous encore des
agens naturels , qui n'ont ce privilége de la liberté ? Quoy sous ombre que Dieu dez le
le commencement à imprimé à la matiere, dont
le monde est composé , le mouvement qu'elle a,
& qu'il l'y conserve perpetuellement ; les exha-
laisons , qui roulent dans les entrailles de la ter-

F 5

re, &

re , & la secoüent quelques fois d'une maniere
si epouvantable ; les vents , qui se meuvent avec
tant d'impetuosité dans les airs & sur la mer ,
qu'ils les bouleversent de fond en comble ; le feu
dont la violence & la fureur sont si terribles ,
qu'en un moment ils reduisent en cendres des
Villes entieres , tout cela n'aura aucune vertu
ni action ? Il faut avoir renoncé au sens commun , pour soûtenir des choses si peu vray-sem-
blables. Mais entrons plus particulierement
dans le detail de tout cela , & voyons premierement si les corps n'ont nulle efficace , & puis
nous viendrons aux esprits & finirons par eux.

CHAP. IX.

Que les Corps ont une veritable efficace , & jusqu'où elle s'estend.

C'Est un principe incontestable , qu'ils ne
peuvent agir , s'ils n'ont de la disposition
pour le faire. Si le feu ne s'insinuë dans le bois ,
en s'y insinuant n'en ecarte les parties , les ecar-
tant ne leur imprime un mouvement pareil au
sien , jamais il ne le brulera , ni le convertira en
flamme. Et ainsi la figure de ses parties , leur
disposition , leur agilité , &c. sont absolument
necessaires en luy , avant qu'il produise ses effets.
Au lieu de cette figure , de cette disposition , &
de ce mouvement , donnez à ses parties la figure
de celles de l'eau , de sorte qu'elles soient un peu
longues & pliantes ; ajoûtez-y leur mouvement ,
si bien qu'elles glissent avec plus de lenteur les
unes sur les autres ; enfin lors qu'elles entrent
dans les parties du bois , supposez qu'elles s'y
emba-

embarassent sans pouvoir les emouvoir, ni en
sortir ; en un mot changez le feu en eau, & vous
verrez s'il brulera, & en brulant excitera de la
flamme. La chose est du tout impossible. Il faut
necessairement que pour ces effets il soit disposé
comme il l'est, & enfin qu'il ait la faculté de
brûler, & d'exciter cette flamme. Que s'il l'a
une fois, il n'est pas possible qu'il ne brûle, &
n'engendre cette lueur. Il est fait pour cela, la
Providence de Dieu l'a ainsi arresté, la nature le
demande, il faut que la chose arrive. *Deus &
Natura nihil faciunt frustra.* Il en est de même au reste de toutes les autres choses naturelles ; ruinez cet ordre & vous renverserez tout.
De nous dire, que ce feu avec tous les autres a-
gens naturels n'ont ces diverses qualitez, & ces
dispositions differentes, que pour servir d'occasions à la premiere cause de varier ses effets, cela
ne contente point. Jamais on ne persuadera aux
gens, que tout ce grand appareil de creatures
materielles, cette diversité innombrable de qualitez, ces vertus si differentes & en mesme tems
si proportionnées à leurs effets, dont elles sont
revêtuës, que tout cela n'ait d'autre usage que
celuy-là, ou plûtost n'a esté fait que pour une
vaine pompe ; que tout en un mot est mort &
oiseux ; jamais, dis-je, on ne le persuadera aux
personnes tant soit peu sensées. *Unumquodque
est propter operationem*, disent ordinairement les
Philosophes ; *Frustrà omninò illud, cujus nulla
operatio.* Ostez leurs actions aux choses, vous
les anneantissez. Et en effet, dans chaque creature on distingue l'estre, les facultez, & les actions. Or de mesme que l'estre leur est ottroyé

 afin

afin qu'il soit revêtu de differentes vertus, pareillement aussi ces vertus leur sont-elles departies afin qu'elles operent; si bien que l'operation est la derniere fin, pour laquelle elles sont faites. Le premier tend necessairement au second, & le second au troisiéme. Et ainsi donc si vous ôtez le troisiéme vous anneantissez le reste. De plus, la souveraine perfection de la Divinité, c'est d'agir, & d'agir incessamment. Supposez une Divinité, qui n'agisse point, ce n'est qu'une Idole & un phantosme. Il n'est pas possible que dans l'Univers il n'y ait rien, qui la represente dans cette perfection, laquelle, à le bien prendre, constituë toute son essence; rien dans toute l'estenduë des creatures materielles, qui en ait la moindre ombre. Il y a bien plus, c'est que s'il n'en est aucune entre-elles, qui agisse, il s'ensuivra qu'il n'y aura entre-elles aucune inegalité; Ciel & Terre, Soleil & Lune, Homme & Beste, &c. tout sera absolument égal, & on n'y verra aucune difference. Cependant on a toûjours establi une difference extreme entre la plus-part des choses, qu'on a fondée sur leurs actions, & sur leurs facultez, le reste nous estant fort souvent incognu. Les cieux ont toûjours esté infiniment plus estimez que la terre, à cause que leurs vertus sont infiniment plus nobles & plus étenduës, & que mesme sans leurs influences la terre ne seroit qu'une masse languissante & inutile. Le Soleil a toûjours esté autrement prisé que la Lune, parce-que sa lumiere & sa chaleur, qui sont ses actions, sont beaucoup plus eclatantes & plus vives. L'homme a toûjours esté censé plus excellent que les bêtes, d'autant que ses

effets

effets marquêt une toute autre vertu, & une toute
autre dexterité. On en est même venu jusques-là,
qu'on a pris pour la Divinité, & eslevé en sa place les creatures corruptibles, dans lesquelles on
a apperçû plus de puissance & plus de vertu; côme
sont, par exemple, les Cieux & le Soleil. Aveuglement estrange ! mais qui montre pourtant
combien est enracinée profondement dans le
cœur de l'homme cette creance, que les creatures agissent, & que plus elles ont de vertu & plus
elles sont excellentes.

C'est encore une verité indubitable, que,
Nullum corpus movet immotum. Tous les Philosophes ont toûjours raisonné sur cette supposition, & la Raison l'enseigne clairement. Car
entre le repos & le mouvement il n'y a point de
connexion. Ce sont deux choses si esloignées &
si contraires, que l'une ne peut concourir à la
production de l'autre; sans conter que du repos,
qui est un rien, on ne voit pas que la moindre
realité puisse estre produite. Il se peut bien qu'un
corps, qui est en repos, en reflêchira un autre, qui
viendra le choquer, & le renvoyera du côté, dont
il venoit, ou de quelque autre; & que mesme en
le renvoyant il augmentera son mouvement;
mais s'il ne fait que le reflêchir, il ne prodait rien
de nouveau en luy. Que si outre cela il augmente
son mouvement, il le fait par quelque espece
d'agitation qu'il a luy mesme, quoi que les
sens ne la remarquent pas; comme quand un fer
qui semble froid, cause de l'ebullition dans les
liqueurs qu'on y respand. Car quoi qu'il paroisse
froid, il y a pourtant en luy une chaleur secrette
qui en agite les parties les plus subtiles. Je

E 2

veux

veux enfin qu'il n'augmente pas ce mouvement
par quelque autre imperceptible, qui soit en luy,
il le fera par la pression des corps circonjacens,
qui, quoi que souvent insensible, le serre de tous
côtez, & le contient dans le repos où il est.
Quoy qu'il en soit, il est constant que rien ne
peut proceder du repos, comme d'une cause efficiente. Si donc un corps ne peut agir qu'il ne se
meuve, il faut necessairement que lors qu'il se
mouvra il agisse. Car à quoy bon se mouvoir, si
ce n'est pour agir ? Se mouvroit-il simplement
pour passer d'un lieu à un autre ? Mais, outre
qu'il ne peut y passer qu'il ne pousse les autres
corps, qui s'opposent à son passage, & que pour
cet effet il n'agisse, à quel dessein est-ce qu'il lais-
sera son lieu pour aller à un autre, sinon afin
qu'il agisse sur ce qu'il y trouvera, ou eux sur
luy, & que de cette maniere il contribuë à leur
conservation, ou eux à la sienne ? Je n'en vois
point d'autre but. Et ainsi il aura toûjours de
l'efficace.

Voici enfin une autre maxime, qu'on ne peut
contester ; c'est que, *Toute qualité, qui est
reçuë dans quelque sujet ; de quelque principe
qu'elle vienne, de quelque maniere qu'elle y soit
reçuë, quelle qu'en soit la nature, quelque peu
de tems qu'elle y demeure, est neanmoins censée
appartenir à ce sujet, tandis qu'elle y subsiste,
pourveu qu'elle y soit effectivement reçuë :* C'est
dis-je, une maxime qu'on ne peut contester. Il
ne faut qu'examiner un peu la nature des qualitez & des modifications, & on en tombera facilement d'accord. Car elles ne peuvent absolument subsister sans quelque sujet, qui les soûtien-
ne.

ne. Il est impossible aussi qu'en mesme tems
la mesme soit en plusieurs. Et ainsi lors qu'elles
se trouvent en quelqu'un, on peut assurer sans
crainte qu'elles luy appartiennent, & luy imputer hardiment les effets, qui en viennent. Dieu
imprime du mouvement aux corps, & ce mouvement est une veritable qualité. De ce mouvement suivent quantité d'effets dans la nature.
Il est donc propre aux corps, ausquels il est imprimé. On peut donc leur attribuer ses effets.
Je ne vois point de response à ce raisonnement,
si ce n'est, Que la veritable cause de ces effets
n'est point le mouvement, mais la volonté de la
premiere cause, & quant à luy, qu'il n'en est que
l'occasion. Mais cette response ne satisfait point
du tout. Prenons, par exemple, un homme que
Dieu employe pour en transpercer un autre. Cet
homme agit, il pousse son espée dans son sein,
le transperce, & le tuë. En conscience cet
homme n'est-il qu'une simple occasion à la presence de laquelle Dieu luy seul produise ces effets?
S'il n'a point d'autre usage, supposons qu'au
lieu de luy Dieu se serve d'une statuë de mar-
bre, qui ait en main la figure d'une espée, qu'il les
employe, dis-je, pour effectuer la mesme chose
sur une autre personne, & que sans les remuer
le moins du monde il la transperce & la
mette effectivement à mort, comme on le peut
aisement supposer. En verité peut-on dire que
ces deux instrumens ont egalement servi dans la
production de ces effets ? Que l'homme & son
espée n'ayent pas plus agi, que la statuë & la
sienne ? En un mot, que l'homme n'y à servi
que de simple occasion, non plus que la statuë ?

Si on

Si on le dit, je ne sçais pas ce qu'on ne pourra
point dire. Pour moy j'apperçois distinctement
de la vertu & de l'efficace dans l'homme & dans
son espée, & n'en vois pas une estincelle dans la
statuë ni dans la sienne. Si les partisans des causes occasionnelles ne voyent pas la même chose,
quelque peine qu'on prene pour leur ouvrir les
yeux, ils seront eternellement aveugles.

Mais, dira-t-on, si les corps ont quelque efficace, quelle est-elle ? & jusqu'où peut-elle bien
aller ? Il n'est pas fort important à nôtre dessein
de le determiner ; cependant, comme nous l'a-
vons dé-ja touché cy-dessus, nous estendrons
volontiers ce que nous en avons dit, & le
montrerons plus amplement. 1°. Il vous paroît tres-vray semblable, qu'ils peuvent agir sur
eux-mesmes, pour conserver le mouvement
qu'ils ont, & mesme par la force de ce mouvement se maintenir dans l'état, où ils sont. La
chose paroît dure, parce que de cette maniere ils
sembleront avoir quelque empire sur eux, ne
plus ne moins que les creatures intelligentes ;
mais quelque dure, qu'elle semble, nous n'y
voyons point de repugnance. Le mouvement
est un estre successif, les parties en sont dans un
flux perpetuel. Le second moment ne depend
point essentiellement du premier ; s'il luy succede, il faut necessairement qu'il y ait un agent,
qui le produise. Or le plus souvent nous n'en
voyons point d'autre, au moins d'agent naturel,
que le sujet mesme qui se meut ; c'est pourquoy
nous avons dé-ja droit de le luy attribuer. De
plus, il est constant que les corps ne dependent
pas plus du Souverain Estre que les esprits. Les

uns & les autres, sur tout selon nos Adversaires, ont egalement besoin d'une impression perpetuelle de sa part, qui les pousse vers les objets, où ils tendent. Si nonobstant cette dependance & la force de cette impression les esprits ont bien ce privilege de former en eux differentes pensées, & d'un jugement se porter à quelque desir, & ainsi s'entretenir dans un mouvement continuel, comme nous l'avons cy-dessus justifié, & le justifirons encore dans la suite ; pourquoy est-ce que les corps n'auront pas la mesme vertu, avec cette difference pourtant, qu'ils agiront toûjours necessairement & sans aucune connoissance ; au lieu que les esprits agissent souvent avec liberté, & toûjours avec connoissance ? Je n'en vois point de raison. Si un Ange, par exemple, connoît qu'un objet est souverainement aimable, il se porte infailliblement à l'aimer ; pourquoy le feu, par exemple, se mouvant au moment que j'escris, ne concourra-t-il pas par la force de ce mouvement à produire celuy, qu'il aura dans le moment, qui suivra ? Si sur tout, comme le disent nos Adversaires, l'un & l'autre sont egalement soûmis à l'impression de Dieu, qui les pousse, & ne font rien que par la force de cette impression. Il me semble qu'un corps à moins de vertu pour produire dans un autre, qui est en repos, le mouvement qu'il a, qu'il n'en a pour le continuer en luy-mesme, lors que dé-ja il se meut ; cependant il peut faire le premier, comme nous avons montré par quantité de raisons, & le montrerons encore dans quelques momens : Il peut donc aussi pareillement le second. *Mais quoy*, dit-on, *a-t-il la vertu de se créer*

luy-mesme ? celle de se conserver ? Or il est
evident qu'estre creé, conservé, & meu, sont en
luy la mesme chose. Nous avons dé-ja repondu
ailleurs, & pleinement satisfait à cette objection,
nians que la creation d'un sujet, sa conservation,
& son mouvement soient une mesme chose. S'il
s'agissoit de la Puissance de Dieu, qui luy donne
l'estre, le luy conserve, & le meut laquelle on veut
n'estre que sa Volonté, nous l'avouërions volontiers ; mais comme il est question de l'action
de cette Puissance, qui ne peut estre que l'effet,
qui en emane, nous soûtenons que ce sont choses tout-à-fait differentes. Lors que la Puissance
de Dieu tire du neant une creature, ou que l'en
ayant tirée elle la maintient dans l'existence,
qu'elle luy a donnée, ou qu'enfin elle agit pour
la transporter d'une place en une autre, on conçoit bien ces trois choses, comme des actions,
par l'entremise desquelles elle produit ces differens effets ; mais qu'on examine le tout avec attention, on n'y trouvera que la Puissance de Dieu
& ces effets, qui en procedent ; si bien que dans
ces trois actions on ne voit rien du tout que ces
trois effets considerés comme découlans de cette
Puissance. Or je demande si l'existence d'une
creature, sa durée, & son mouvement ne sont pas
trois choses differentes. Elles le sont assurement,
sur tout l'existence & le mouvement, puis qu'elles peuvent estre aisément separées. Et par consequent la creation d'un sujet, sa conservation,
& son mouvement ne peuvent estre censées une
seule & mesme chose ; & un corps pourra fort
bien avoir la vertu de contribuer à l'entretien de
son mouvement, quoy qu'il ne puisse contribuer

buer directement à son existence propre, ni à sa conservation.

Mais je veux qu'un corps ne puisse agir sur luy-mesme, il est certain qu'il peut agir sur d'autres; non pas à la verité pour leur donner l'estre, s'il n'y avoit point de matiere, dont il les pût former, mais pour leur imprimer son mouvement & ses qualitez, lors qu'ils sont, & mesme les produire de quelque matiere qui aura de la disposition pour cela, lors qu'ils ne sont pas. Il n'a besoin pour tous ces effets que de mouvement: s'il en a, il n'y a point de difficulté à ce qu'il les produise. Et en effet toutes les diverses qualitez qu'on remarque en quelque corps que ce soit; la forme mesme essentielle, qui le rend tel ou tel, ne sont que diverses situations de ses parties; si bien que tout depend du mouvement qu'on luy imprime. Si le corps donc, qui le heurte, luy en peut communiquer, il peut agir sur luy. Or qu'il le puisse, voicy de quelle maniere nous le prouvons. Lors qu'un corps en choque quelques autres, ausquels nous supposons qu'il transmet son mouvement, nous voyons qu'ils se meuvent. Il faut de toute necessité que ce nouveau mouvement ait quelque cause, car il n'estoit point auparavant, & nous voyons qu'il est. Or nous n'en trouvons point de plus proportionnée que ce corps, qui les heurte. Il est plus puissant qu'eux, & par consequent il a assés de force pour surmonter leur repos, & les esbranler : Il se meut avec autant ou plus de violence, qu'il ne les meut, & ainsi il a plus de mouvement qu'il ne leur en donne : Il les choque fort rudement, & au moment qu'il le fait, on voit qu'ils commencent à partir

de leur

-de leur place ; autant qu'il excite en eux d'agitation , autant pert-il de la sienne. Il n'est rien en
un mot, qui ne tende à prouver , qu'il est la vraye
cause de leur mouvement. Quelque perquisition
qu'on fasse , il ne s'en presente point d'autre. Il
ne faut point douter , qu'il ne la soit. Ce qu'on
nous objecte, est , * *Que les corps ne pouvant se
remuer eux-mesmes, & leur force mouvante n'é-
tant que la Volonté de Dieu , qui les conserve
successivement en divers endroits, ils ne peuvent
communiquer une puissance qu'ils n'ont pas. Et
ils ne pourroient mesme la communiquer , quand
elle seroit en leur disposition : Car il est evident ,
qu'il faut une sagesse , & une sagesse infinie ,
pour regler la communication des mouvemens a-
vec la justesse , la proportion , & l'uniformité ,
que nous voyons ; & ainsi quant un corps auroit
de la connoissance il ne pourroit pas faire dans
l'instant du choc cette distribution.* Voila tout
ce qu'on allegue pour ruiner l'efficace des corps.
C'est peu de chose , comme chacun voit ; mais
apparemment on le juge tres-fort , puis que dans
tous les endroits , où il s'agit de combattre cette
efficace , † on le presse sans y rien ajoûter. Cependant nous n'y trouvons pas cette force. Plus
nous le regardons de pres , & plus il nous paroit
foible. ‡ *La force mouvante des corps ,* dit-on ,
n'est que la Volonté de Dieu. Si on parle de la
premiere force , qui les meut , il est vray qu'elle
consiste dans cette Volonté ; mais il y en a une
autre sous-ordonnée à cette premiere, dont Dieu
se sert

* *Dans la Recherche , livre 6. chap. 8.*
† *Dans l'Eclairciss. penultiéme à la Recherche.*
‡ *Dans les Meditations Chrétiennes ch. 5. &c.*

se sert pour les mouvoir, qui est leur estenduë, leur figure, leur solidité & leur mouvement. S'ils ne peuvent communiquer la premiere, ils peuvent communiquer celle-cy, sur tout leur mouvement. On ajoûte, que, *Quand elle seroit en leur disposition, neanmoins il seroit impossible qu'ils la communicassent, parce que la distribution, qui s'en fait, est si juste & si admirable, qu'elle ne peut venir que d'une cause infiniment sage & eclairée.* Mais cela ne fait rien contre nous ; car nous ne pretendons pas qu'ils soient la cause principale de cette distribution, nous voulons seulement, qu'ils soient des instrumens, qui sous la conduite d'une autre cause souverainement eclairée, & suivant les loix qu'elle a posé, y concourent. Voila nostre pensée. Cette objection peut donc avoir quelque force, contre les Disciples de Democrite & d'Epicure, qui ne reconnoissent dans la nature que de la matiere & du mouvement, pour principes de tant d'effets si merveilleux, qu'on y voit ; mais elle n'en a point contre nous, qui y reconnoissons une cause superieure, qui ayant produit l'un & l'autre par une puissance infinie, en regle aussi tous les effets avec une sagesse inconcevable. *Opus Natura*, disons-nous avec tous les autres Philosophes, *est opus Intelligentia.* Une Souveraine Intelligence a establi toutes les loix, qui s'observent entre les corps ; lors qu'ils agissent ils ne font que suivre ses impulsions ; c'est pourquoy il ne faut pas s'estonner s'il y a de la justesse & de la regularité dans leurs actions.

Mais peuvent-ils estendre leurs actions sur les esprits, aussi bien que sur les autres corps ?

Il y a

Il y a quantité de raifons, qui femblent prouver
qu'ils ne le peuvent ; mais bien qu'elles paroif-
fent avoir beaucoup de force ; elles ne font pourtant pas concluantes ; ou fi elles concluent quelque chofe, c'eft ceci feulement, qu'ils n'agiffent
point fur eux , & non pas, qu'ils ne puiffent y a-
gir. On allegue premierement, *Que la condition des corps eft trop inferieure à celle des efprits, pour qu'ils ayent fur eux le moindre empire ; & que mefme, quant elles feroient égales,
il y a d'ailleurs un fi grand efloignement de l'e-
tenduë à la penfée, qu'il n'y a pas d'apparence
que l'eftenduë puiffe produire la penfée dans un
efprit ; & qu'enfin quant elle auroit quelque faculté pour le faire, qu'on ne conçoit point, comment elle le feroit.* Voila ce qu'on oppofe pour
la premiere chofe. Mais il n'y a rien là de fort ;
une chofe inferieure peut aifement agir fur une
fuperieure, pourveu qu'elle n'agiffe qu'en qualité d'inftrument, ou plûtoft de caufe fous-ordon-
née ; & qu'il y en ait quelque autre, qui la meuve. Et c'eft ainfi qu'un foible pinceau, employé
par un excellent Peintre, peut fervir à tracer le
plus beau tableau du monde. C'eft ainfi encore,
qu'un peu de chaleur & quelques efprits concourent à former le corps humain dans la matrice ,
qui eft pourtant un des chefs-d'œuvre de la Divinité. Quant au peu de convenance, qu'il y a
entre un corps & un efprit, de l'eftenduë à une
penfée ; il eft bien vray qu'il faut quelque proportion entre une caufe & fon effet, mais elle ne
fe tire pas principalement de l'egalité de leurs
conditions, ni de la reffemblance de leurs attri-
buts ; car fi elle eftoit fondée principalement là-
deffus

deſſus, Dieu n'auroit jamais creé le monde, parce qu'entre la Perfection infinie de ſon eſtre, &
les creatures les plus excellentes ; ſa Nature purement ſpirituelle & l'eſtenduë de l'Univers, il
n'y a aucune convenance. Elle eſt fondée principalement ſur la ſubordination, qu'il y a de l'un
à l'autre ; en un mot, à ce qu'une cauſe produiſe
un effet, il ſuffit qu'elle en contienne, de quelque façon que ce ſoit, les perfections, qu'il
luy ſoit ſous-ordonné, & puis qu'elle agiſſe pour
le produire. Or il eſt conſtant qu'un corps peut
avoir tout cela à l'egard d'un eſprit ; ſur tout ſi
on ſuppoſe que Dieu l'employe pour cela. Mais,
dit-on, il eſt impoſſible de concevoir, comme
quoy du mouvement produira immediatement
quelque penſée ? Je veux, qu'on ne le puiſſe
concevoir, neanmoins ſi en ſoy la choſe eſtoit
evidente, la maniere ne devroit pas faire de peine. Combien de choſes admet-on, dont on
ignore les manieres ? On ne doute pas que Dieu
n'agiſſe ſur les corps, quelque diſproportion
qu'il y ait entre luy & eux ; que meſme autrefois il n'ait tiré la matiere du neant, où elle étoit
enſevelie, & neanmoins on n'en penetre point,
& peut-eſtre n'en penettera-t-on jamais le *comment*. Si on avoit donc quelques demonſtrations
evidentes, qui prouvaſſent que les corps peuvent
agir ſur des eſprits, il ne faudroit point ſe mettre
en peine, comment ils deployeroient cette efficace. De plus on cherche peut-eſtre icy, comme en pluſieurs autres rencontres, un *comment*,
qui n'eſt point. On ſe geeſne pour une maniere,
qui n'eſt qu'une fiction. En un mot, on a tout
ce qu'on ſouhaite, & tout ce qui ſe peut trouver

dans

dans l'action d'un corps sur un esprit, & on veut
encore davantage. On sait en quoy consiste la
faculté d'un corps. On voit qu'il la deploye par
le mouvement, & qu'il ne peut la deployer d'autre maniere. On connost la condition naturelle
d'un esprit fini, & qu'il peut estre soûmis aux impressions d'un corps ; que toutes les qualitez que
quelque agent, que ce soit, peut produire dans
un esprit, sont pensées, ou quelque chose d'approchant. Tout cela est connu, ou par les lumieres de la raison, ou par nôtre propre experience. On sait encore les lieux & les momens ;
ausquels un corps agit sur un esprit. Et apres
tout cela on en demande encore la maniere. Où
est-elle, je vous prie, si elle n'est comprise dans
toutes ces circonstances ? On a donc apparemment icy ce qu'on veut, & on se tourmente pour
le trouver. Quelle misere ! N'y a-t-il pas assez
de choses réelles pour nous exercer, sans qu'on
en aille supposer d'imaginaires, pour multiplier
nos peines ?

On allegue encore, au sujet de l'action des
corps sur les esprits, *Que s'ils agissoient sur nos
ames, on pourroit les aimer, quand ils nous font du
bien ; les craindre, quand ils nous feroient du mal ;
or on ne peut aimer ou craindre que Dieu seul ; parce que l'amour & la crainte sont l'adoration de l'esprit, & qu'il n'est pas permis d'adorer autre que
Dieu : * Tu adoreras le Seigneur ton Dieu & à
seul tu serviras.* † On nous objecte cela pres-

* Deuter. 6. Matth. 4.   que

† Recherche liv. 6. chap. 8.
Eclaircissement penultiéme sur la Recherche.
Défense contre l'accusation de Mr. de la Ville.
Reponse aux restes. Philosophiq. de Mr. Arnaud.

que par tout, on le presse dans toutes les occasions, on pretend que c'est une verité incontestable, & le fondement de toute la morale. Apres
tout, cela est si peremptoire & si decisif, ce leur
semble, qu'il n'y a rien à y repondre. *On peut
bien s'approcher des creatures, lors qu'elles sont
favorables ; les éviter, quand elles sont nuisi-
bles ; mais pour les aimer le moins du monde,
les craindre, les respecter, on ne le peut faire
sans idolatrie.* Voila de grands mots, & une
morale fort eslevée ; mais je ne sçais si ces Messieurs la pratiquent fort exactement ; & mesme
s'ils en sont bien persuadez. Nous pensions
qu'il n'y eut point de Morale plus sublime, que
celle de l'Evangile ; mais en voicy une, qui est
bien plus Divine. Car la premiere nous permet
de nous aimer, & mesme nos prochains ; de
craindre ce qui nous peut nuire, respecter les
Puissances ; mais celle-cy ne peut souffrir, que
nous aimions, ou craignions autre chose, que
Dieu. Voila qui est extremement pieux, mais
il est à craindre, que la perfection qu'on nous
propose, ne soit si haute que nous ne puissions y
atteindre. Si nous estions des Anges, ou des
Intelligences pures, ce seroit parfaitement
bien : Elles n'ont rien au dessus d'elles, que la
Divinité, & par consequent elles ne doivent
craindre ni respecter, que sa Souveraine Majesté:
Mais pour nous, qui dependons naturellement
d'une infinité d'autres choses, qu'un souffle peut
renverser, ou restablir, selon qu'il est favorable
ou contraire, il n'est pas possible, que Dieu soit le
seul objet de nos inclinations & de nos craintes.
Et je voudrois bien sçavoir, si ceux, qui nous

G

estalent

estalent cette belle Morale, sont absolument insensibles à tous les maux, ou à tous les biens,
qui leur peuvent venir des creatures. Si, par exemple, ils sont à l'epreuve d'un coup de foudre,
qui tomberoit à leurs pieds ; d'un ennemi, qui
leur presenteroit le poignard à la gorge ; d'un
orage, qui renverseroit une maison sur leurs tê-
tes : Si une Couronne, un magnifique Palais,
quelque grand Employ digne d'eux, ne ten-
teroient point leurs desirs. S'ils suiroient ; ou
accepteroient tout cela, sans la moindre emo-
tion interieure. S'ils le faisoient, voila des ames
d'une admirable trempe. Apparemment dans
ces occasions ils paroîtroient hommes, comme
les autres. Ils nous font souvenir de ces Stoïciens d'autres-fois, si graves dans leurs discours,
mais dans la conduite & dans la vie tout faits
comme les autres. Il n'y avoit point, disoient-
ils, de bien, que la Vertu ; ni de mal, que le
Vice ; tout le reste, vie, richesses, mort, pauvreté, tout estoit indifferent & egal ; si ce n'est
qu'on pouvoit bien preferer la vie à la mort, les
richesses à la pauvreté, mais sans en estre touché en aucune façon. Voila de beaux discours ;
mais qu'est-ce qu'on en disoit ? † *Prima specie
admirationem ; re explicatâ, risum movebant.*
Il en est de même des Paradoxes de ces Messieurs,
ils eblouïssent d'abord, mais comme on voit,
qu'ils ne disent que ce que chacun sçait ; ou s'ils
proposent quelque chose de nouveau, que ce ne
sont que des sentimens outrez, qui bien loin de
porter à la vertu, en representent la pratique
impossible, on s'en moque. Et en effet, l'homme

† *Cicero de finibus*, lib. 4.

me estant disposé, comme il l'est, peut-il qu'il
n'aime le bien, qui luy est proposé ; & ne craigne le mal tout de mesme, quand il le menace ?
Deplus on consent qu'il recherche le bien, qu'il
s'en approche, lors qu'il en a besoin ; qu'il fuïe
le mal, lors qu'il est prez ; le peut-il faire sans
desir & sans crainte ? Tout ce qu'il peut en ces
occasions c'est de moderer ses passions, de peur
que passant les bornes elles ne deviennent cri-
minelles, mais les esteindre absolument, & les
prevenir, il n'est pas possible qu'il le fasse. C'est
aussi tout ce que Dieu luy demande. * *N'aymez
point le monde, nous dit-il, ni les choses qui sont
au monde ; si quelcun aime le monde l'amour du
Pere n'est point en luy. Ne craignez point*, ad-
joûte-t-il encore, *ceux qui tuent le corps, &
ne peuvent tuer l'ame, mais plûtost craignez celuy qui peut destruire l'un & l'autre dans la
gehenne.* Il parle à la verité de ne point du tout
aimer le monde, ni craindre ceux qui nous peuvent oster cette vie ; mais il nous deffend seulement l'excez de ces passions ; un tel engagement
au monde, qu'on ne songe point au ciel, ni une
telle fraieur de la mort, qu'elle nous porte à renoncer à la profession de l'Evangile ; mais il ne
demande rien au dela. La vie presente a beaucoup de douceurs pour une personne, qui en use
bien, il consent qu'on la pourchasse & qu'on
l'aime. La mort d'autre côté est naturellement
affreuse ; on la peut apprehender. Mais, comme
il est infiniment plus aimable, que tout ce qui
porte icy bas le caractere de bonté, il veut qu'on

G 2 l'aime

* 1. *Epistre de Saint Jean*, chapistre 2.
Evangile selon Saint Matthieu, chapistre 10.

l'aime sur toutes choses : comme encore il est
ce qu'il y a de plus auguste & de plus terrible, il
demande qu'on le revere & qu'on le craigne par
dessus tout. Mais l'un & l'autre n'empêchent
pas, qu'on ne puisse aimer les creatures, ou les
apprehender, selon les divers degrez de bonté
ou de puissance, qu'il leur a departi. L'ordre &
la nature des choses le demandent. Il y a bien
plus, c'est que quand mesme toutes les creatures
ne seroient que des occasions, dont il se serviroit
pour nous dispenser ses faveurs, ou ses chatimens,
elles nous demanderoient à peu prez les mesmes
mouvemens. Et on a beau dire, nous ne saurions les considerer comme des instrumens en sa
main, pour nous faire du bien & du mal, qu'elles n'excitent en nous de l'amour, ou de l'aversion, quelque part qu'elles ayent dans ces effets.
Voyez un peu jusques où va la Morale du Pere ;
elle va jusques à nier que les creatures servent à
Dieu d'occasions pour la distribution de ses graces, ou de ses châtimens. Car, si elles y servent tant
soit peu, il ne se pourra qu'on ne les aime, ou
qu'on ne les craigne; or si on le fait on tôbe, selon
luy, dans l'Idolatrie. Assurément son zele l'emporte au delà des bornes, & dans ses ravissemens
il oublie qu'il soit homme, & mesme que nous
le soyons. Mais, helas ! il ne reste en nous que
trop d'humanité, & pour luy, ses escarts nous
marquent, qu'il y en reste encore beaucoup.
Mais, dit-il, si les causes secondes ont quelque
efficace réelle, & que là-dessus on puisse les aimer ou les craindre, *on pourra les adorer, puis que
l'amour & la crainte sont l'adoration de l'esprit.*
Nous n'avions pas encore ouy dire que toute
sorte

forte d'amour & de crainte fussent une adoration, & l'honneur qu'on ne doit qu'au Souverain
Estre. Voila une nouvelle Theologie. Un Fils
ne saura aimer sincerement son Pere, une Fem-
me son Mari, un Domestique son Maitre, un
Seigneur ses Heritages, qu'ils ne les adorent
d'une adoration proprement dite. Un Sujet ne
saura reverer son Prince, un jeune Enfant craindre son Pedagogue, un Homme apprehender
quelque Beste feroce, qu'ils ne les elevent sur
le Trosne de la Divinité. Si cette Theologie a
lieu, tous les hommes universellement sont
damnez, tous sans aucune exception seront pre-
cipitez dans les flammes de l'enfer. Car il n'en
a point esté, n'en est, ni n'en sera, qui n'ait aimé
ou craint, n'aime ou ne craigne à l'avenir quelque creature, qui n'ayt perseveré jusques à la fin
dans ces passions, & n'y persevere sans repen-
tance ; & par consequent qui n'ait esté, & ne soit
un malheureux Idolatre. Et il ne faut point
qu'on pretende les excuser, en disant : † *Que
lors qu'ils ont aimé ou craint les creatures, ils ne
les ont point regardées comme la Souveraine Divinité ; Car les Payens non plus n'ont point ren-
du à leurs oignons, ni à leurs porreaux, tant
d'honneur, qu'au grand Jupiter, duquel toutes leurs Divinitez dependoient :* cependant ils
n'ont pas laissé pour cela que d'estre de vrays
Idolatres. Tout ce qu'on pourroit alleguer pour
excuser ces dereglemens de tous les hommes ;
c'est que peut-estre ils n'ont pas aimé les
creatures d'un amour d'union, mais seulement
de complaisance, & qu'ils ne les ont pas regar-

G 3

dées

† *Recherche de la Verité*, liv. 6. chap. 8.

dées comme leur bien, mais seulement, comme estant bonnes en elles-mesmes, qu'ils ne les ont point apprehendées, comme pouvant leur faire du mal, mais seulement respectées, comme revestuës de quelques caractéres de la Divinité. Il n'est que cela qui les puisse sauver ; s'ils en ont usé autrement, rien ne peut les absoudre du crime d'Idolatrie, ni les garentir des foudres de la vengeance Divine. * *Je nie, dit-on, qu'il faille aimer les creatures, comme nos biens, quoy qu'elles soient bonnes en elles-mesmes. Je nie qu'on puisse rendre du service & du respect à des hommes, comme à ses Maitres ; ou pour m'expliquer plus clairement, je dis qu'il ne faut point servir son Maitre, plaire à son Pere & à son Prince, dans d'autre dessein, que de servir Dieu, & de luy plaire.* Et un peu plus bas ; *Un Maitre qui voudroit estre honnoré & servi, comme ayant en luy une autre puissance que celle de Dieu, seroit un Demon ; & ceux, qui le serviroient dans cet esprit seroient des Idolatres. Car je ne puis m'empecher de croire, que tout honneur & tout amour, qui ne tendent pas vers Dieu, sont des especes d'idolatrie.* En un mot, suivant ces preceptes, toute affection & toute crainte pour les creatures, fondée sur ce qu'elles ont quelque puissance en elles-mesmes, & quelque vertu, toute inclination & tout respect, qui se termine à elles, quelques reglez, qu'ils soient d'ailleurs, tout est idolatrie. On peut juger qu'elles sont bonnes en elles-mesmes, admirer leurs perfections, en avoir de la joye ; mais du moment, que vous leur accorderez la moindre

puissance

* *Eclairc. penult. du 3. liv. de la Rech. sur la fin.*

puiſſance de vous faire du bien , ou du mal , &
que pour cet effet vous y adhererez de cœur, ou
vous en eſloignerez , vous eſtes un impie. Voila les maximes, qu'on poſe. Nous avoüons à
la verité, que ſi on leur donnoit quelque puiſſance de bien , ou de mal faire , independante,
qu'elles n'euſſent point reçû de la premiere cauſe , & que là-deſſus on les craignit , ou qu'on les
aimât avec excez, cela pourroit paſſer pour idolatrie ; mais ſi on tient , comme nous le faiſons ,
qu'elles n'ont point de vertu, qui ne vienne de
Dieu , point qui ne ſoit limitée , & dependante
de ſes ordres ; & que là-deſſus on regle , comme il faut , l'affection & le reſpect , qu'on a
pour elles , ces mouvemens ne peuvent eſtre cri-
minels. Et en effet , le Pere Malebranche avoüé
que Dieu leur ayant departi quelques perfections , on les peut eſtimer , s'y plaire , les exal-
ter , ſans qu'il y ait d'idolatrie ; pourquoy eſt-ce
qu'on ne pourra pas ſemblablement y reconnoître quelque puiſſance , & ſelon la meſure de cette puiſſance les aimer , ou les craindre. Je ne
vois point de raiſon , pourquoy on doive plûtoſt
condamner ces derniers mouvemens que les
premiers. De plus , ſi ſans leur attribuer aucune vertu particuliere, on les regarde comme des
cauſes occaſionnelles , dont Dieu ſe ſert pour
nous diſpenſer ſes faveurs , ou ſes epreuves , &
que dans cette veuë on les craigne , ou on les
aime , le Pere ne tiendra pas cela pour abomi-
nation & pour ſacrilege. Il ſe trouve , que nous
ne les conſiderons pas tout-a-fait ſous cette idée,
mais ſous une autre fort approchante , ſuivant
laquelle tout ce que nous aimons & reſpectons

G 4

en

en elles, ne depend pas moins de luy, que sous
la precedente, & neantmoins pour cette legere
difference il nous precipite dans l'enfer. S'il y a
du defaut dans nôtre conduite, ce n'est au plus
que quelque legere erreur, extremement difficile à connoître, que le Peuple sur tout ne sauroit appercevoir, & neantmoins pour ce defaut
il nous egale, peu s'en faut, aux Payens les plus
aveuglez & les plus idolatres. Il y a un peu trop
de rigueur dans son zele. Quel jugement au
prix fera-t-il des devots de sa Religion, qui attribuent tant de puissance à la Bien-heureuse
Vierge & aux Saints ; & non seulement cela,
mais encore leur rendent les mesmes honneurs
qu'à Dieu ? Suivant ses hypotheses ils sont pi-
res que des Payens. Plût-à-Dieu, qu'ils ne
commissent point d'autre crime, que de donner
quelque efficace aux creatures, & suivant cette
efficace tesmoigner à leur égard quelque amour
ou quelque crainte, ils n'auroient rien à craindre. De fait, qui a jamais ouï dire que l'Idolatrie fut autre chose qu'un desreiglement, qui
transfere à un autre objet qu'à Dieu, l'honneur
souverain, qui luy est dû, soit qu'on juge effectivement que cet objet est Dieu, soit qu'on ne le
juge pas, & que cependant on l'honore, comme s'il en possedoit l'excellence, & les proprietez. En un mot, il n'y a point d'idolatrie, si
on ne s'humilie tres-profondement devant luy
sur cette supposition. † Qu'on consulte l'Ecriture Sainte sur ce sujet, les Peres, les Theologiens

† *Deuteron. chap. 6. Tertullien de l'Idolatrie,
chap. 14. Gregoire de Nazian. sur la Naiss. de Ch.
Thom. quest. 94. de la seconde part. de sa Somme.*

giens de l'une & de l'autre Communion, & on verra que c'est là justement l'idée, que tous en donnent. Or je voudrois bien sçavoir, si, lors qu'on suppose que les causes secondes peuvent agir réellement sur nous, comme instrumens, dont Dieu se sert pour nous departir quelque avantage, ou quelque affliction, & que dans cette vûë on les aime, ou on les craint, je voudrois bien sçavoir, dis-je, si c'est les prendre pour le Tout-puissant, les eslever sur son trône, & leur deferer un honneur, qui n'appartient qu'à luy seul. Il faut estre fou pour avoir cette pensée. Et ainsi, lors qu'il defend de servir autre que luy, le service qu'il demande, estant un service religieux, un si profond abaissement, qu'on s'aneantisse en sa presence, & en un mot, une adoration; quelque affection, & quelque crainte, qu'on tesmoigne pour les creatures, pourveu qu'elles soient moderées, & qu'elles n'excedent pas leur puissance, & leurs perfections, elles ne violent point cette defense.

Voila en abbregé toutes les raisons qu'on allegue, pour prouver que les corps ne peuvent point agir sur les esprits, ou s'il en est quelque autre, elle n'a pas plus de force que celles-là; quoi qu'il en soit, nous n'en voyons point, qui justifie, que la chose soit impossible. Et bien loin qu'il y en ait qui le fasse, au contraire il en est plusieurs, qui montrent qu'elle est tres-possible. Nous en avons dé-ja touché quelques-unes, en repondant aux objections de nos adversaires, en voicy d'autres. Un corps peut agir sur un autre & produire en luy un mouvement pareil au sien, selon que nous l'avons montré; il le peut, dis-je.

dis-je , quoi que l'autre soit d'une condition extremement differente, & que mesme il soit dans
un parfait repos. Ces difficultez n'empêchent
point qu'il ne le puisse ; pourquoy est-ce que la
mesme chose ne poutra pas arriver entre un
corps & un esprit , & que le premier n'agira pas
sur le second, quoi qu'ils soient d'une condition
fort differente. Il est vray qu'il y a plus de distance d'un corps à un esprit, & d'un mouvement
local, (qui est la principale vertu par laquelle il
opere,) à une pensée, qui est le seul effet , qu'il
puisse produire dans un esprit ; il est vray, dis-je,
qu'il y a plus de distance entre ces deux choses,
qu'il ne s'en trouve pas entre deux corps
& deux mouvemens locaux , mais toûjours
n'est-elle pas infinie. Car un corps & un esprit
conviennent en ce que tous deux sont des substances limitées , tous deux sont egalement revestus de qualitez pour agir, tous deux agissent
differemment , suivant les divers objets , qui les
meuvent. Il y a bien plus , c'est qu'ils peuvent
fort bien estre unis ensemble pour former un
mesme composé , & par consequent soûmis re-
ciproquement l'un à l'autre dans leurs actions ,
comme on le remarque dans l'homme , où ils
sont tellement alliez , qu'ils dependent l'un de
l'autre dans la plûpart de leurs operations. Apres
tout, il n'y a peut-estre pas un si grand esloignement , qu'on pourroit s'imaginer , entre les differentes figures, qui modifient la matiere ; &
les idées des choses , dont les esprits sont em-
praints ; non plus qu'entre le mouvement , par
lequel les corps sont portez vers quelque lieu, &
les desirs , par lesquels les esprits tendent vers

leurs

leurs objets. Quoi qu'il en soit, la distance n'est
pas infinie, & si elle ne l'est pas, elle peut estre
surmontée par la vertu d'une creature; principalement si on suppose, qu'elle est un instrument
en la main de Dieu, qui la soûtient & la fortifie.
La chose nous paroît assés evidente. Mais de-
quoy s'agit-il, lors qu'il est question de procurer
à un esprit quelque pensée, la connoissance, par
exemple, d'un tel ou tel objet, qu'il n'a pas actuellement? de la pente vers un tel ou tel bien,
qu'il n'aimoit pas dans un certain moment? Il
ne s'agit pas de l'exciter absolument à agir,
comme s'il estoit destitué de toute sorte de mouvement; car il n'est jamais un seul moment sans
penser, il a toûjours quelque objet devant luy,
qui l'occupe, & mesme, comme nous le dirons
dans le chapitre suivant, il a toûjours en quelque façon presentes à ses yeux les idées de tous
les objets, qu'il peut connoître, lesquelles les luy
representent incessamment, quoy que d'une
maniere confuse & vague. Si bien qu'il n'est
question que de le determiner à quelqu'un en
particulier, & au lieu qu'auparavant il n'en avoit
qu'un sentiment confus, & un amour indeter-
miné, luy en procurer une connoissance distincte, & une affection particuliere. Voila tout
ce, dont il s'agit. Or pour peu qu'un corps
ait de puissance sur luy, il le peut assés facilement, puis que tout roule sur une simple determination, pour la production de laquelle la
moindre vertu est suffisante. Et en effet on doit
juger des esprits a peu pres comme des corps.
Lors qu'un corps est en repos, il faut pour le
mouvoir une force, plus ou moins considerable

à la verité, suivant sa grandeur & son repos,
mais toûjours assés puissâce; mais s'il se meut dé-
ja, & qu'il n'y ait qu'à châger le cours de son mouvement, la moindre force le peut faire, jusques-
là qu'un bouclier un peu incliné reflexira un bou-
let de canon, & en changera la determination,
avec quelque violence qu'il vienne, & qu'il fen-
de les airs. Il en est de mesme d'un esprit, s'il
pouvoit estre sans aucune action, & qu'il falut le
resveiller de cet estat, en luy imprimant du mouvement, il faudroit pour cet effet une vertu extremement puissante, mais agissant incessamment, comme il fait, & n'estant question que
de détourner sa pensée d'un sujet sur un autre, ou
plûtost de l'appliquer à un objet particulier, auquel il n'estoit pas fort attentif, la moindre force le peut. Et ainsi pour peu qu'un corps agisse
sur luy, il le fera aisément. Mais, quand un
corps ne pourroit point du tout agir sur un esprit, toûjours peut-il agir sur un autre corps,
& s'il le peut, nous en avons assez, car les corps
auront de l'efficace.

Je ne pense pas que nous ayons rien omis de
tout ce, que le Pere Malebranche allegue dans
ses escrits, pour prouver qu'ils n'en ont point;
mais si nous avions oublié quelque chose, nous
sommes assurez que cela n'a pas plus de force,
que ce que nous avons examiné, & que de ce
que nous avons dit on peut aisément y satisfaire. Pour les autres Partisans des causes occasionnelles, ils n'ont rien non plus, qui, apres
ce que nous avons establi, puisse faire de la
peine.

Quelques-uns, par exemple, nous disent,
T   Que

† Que lors qu'un corps en chasse un autre, B, par exemple, chasse C, si l'on examine bien ce, que l'on reconnoit de certain en cela, on verra seulement que B estoit meu, qu'il a rencontré C, lequel estoit en repos, & que depuis cette rencontre le premier cessant d'estre meu le second a commencé de l'estre. Mais que l'on reconnoisse que B donne du mouvement à C, cela n'est qu'un prejugé de ce, que nous ne voyons que ces deux corps, & que nous avons accoûtumé d'attribuer tous les effets, qui nous font connus, aux choses que nous appercevons, sans prendre garde que souvent ces choses sont incapables de produire tels effets. Mais il n'y a rien là à quoy nous n'ayons respondu. Les sens ne nous representent pas seulement que ces deux corps se rencontrent, & que le mouvement du second succede à celuy du premier, comme on le pretend, mais de plus qu'il en procede, comme de son origine, en vertu de leur rencontre : tellement que si le premier & le second de ces deux points sont veritables, ainsi qu'on l'avoue, & ne sont point des prejugez, le troisiéme ne l'est pas non plus ; car les sens le representent avec la mesme evidence, que les autres. De plus, quand les sens ne le representeroient pas avec la mesme evidence, la raison nous l'enseigne clairement, en faisant reflexion là-dessus. Elle voit qu'un corps est meu, qu'il en rencontre un autre, qu'il le choque avec impetuosité, qu'en suite de ce choc cet autre se meut aussi ; que le mouvement du premier est une action, qui luy est imprimée de la part de la

G 7

pre-

† De Cordemoy dans son Traitté du discernement de l'ame & du corps, Discours quatriéme.

premiere cauſe, (car on avoüe que mouvoir eſt
agir,) apres cela peut-on douter que le mouvement du ſecond n'en vienne comme d'une veritable cauſe? Il faut qu'il n'y ait rien de veritable,
d'evident, & de certain au monde, ſi cela ne
l'eſt pas.

On dit encore, *Que ſi on deſtache le premier corps de la cauſe, qui le meut, & qu'on
ne conſidere que ſon mouvement, ce n'eſt qu'un
certain eſtat à ſon egard, & que l'eſtat d'un
corps ne paſſe point dans un autre. Que de plus lors
que le ſecond corps commence à ſe mouvoir, ſouvent
le premier eſt en repos, & qu'ainſi il ne peut mouvoir le ſecond. Mais ces raiſons ne ſont que de
petites ſubtilitez, leſquelles, pour peu qu'on les
conſidere, s'evanoüiſſent auſſi-tôt. Un eſtat
permanent & fixe, tels que ſont le repos, la ſituation, la figure, & ſemblables, ne paſſent point
immediatement d'un ſujet à un autre; mais il
n'en eſt pas de meſme du mouvement, qui eſt
une qualité tranſitoire & paſſagere. Il peut paſſer du ſujet, où il eſt, dans un autre, non pas à
la verité abſolument le meſme, qui eſt dans ce
ſujet, mais un autre pareil, qui procede de luy.
Il n'y a pas là de difficulté, l'experience le montre tous les jours. Au reſte, lors qu'il paſſe, nous
ne pretendons pas qu'il le faſſe ſans le concours
de la premiere cauſe, ſi bien que le corps, qui le
tranſmet, agiſſe ſans ſon influence; parce-que
comme c'eſt elle, qui la premiere l'a produit,
c'eſt elle auſſi, qui opere principalement dans ſa
tranſmiſſion. Et nous admettrons volontiers dans
ce ſens l'axiome, ſur lequel on fait un ſi grand
fonds,

____

* De Cordemoy au lieu préallegué.

fonds, c'est assavoir, *Qu'une action ne peut être continuée, que par l'agent qui l'a commencée*; Mais nous soûtenons aussi à l'opposite, que, ce concours une fois posé, il peut passer. Nous n'avons garde de destacher le corps, qui en pousse un autre, de la premiere cause, qui le meut; & si on le faisoit, nous ne doutons nullement que son mouvement ne demeurat sans vertu, comme on le dit, & que de plus il ne s'esteignit incontinent; car quelle cause seconde peut rien executer sans le secours de la premiere, dont toutes les autres ne sont que des instrumens; nous n'avons garde, dis-je, de l'en separer: mais supposâns, comme nous le faisons, qu'il luy est sous-ordonné, & en est incessamment meu, nous soûtenons hardiment qu'il peut transmettre réellement son mouvement à un autre. Et il ne faut point qu'on replique, que souvent il est dé-ja en repos, lors que l'autre commence à se mouvoir, & que pour cette raison on ne peut pas dire qu'il agisse physiquement dans cette communication. Car la communication se fait precisément dans le moment du choc: or il est constant qu'il se meut encore dans ce moment, puis qu'il presse l'autre corps, & le chasse de son lieu. Si les Defenseurs des causes occasionnelles n'ont d'autres raisons pour ôter aux corps leur efficace, ils ne feront rien du tout. Ils nous justifieront bien par là qu'il y a bien des causes, qui s'imaginent faire des merveilles, & dans le fonds n'ont aucun effet; mais que toutes soient de cet ordre, ils ne le montreront jamais. Voyons s'ils en auront de plus puissantes à l'egard des esprits.

CHAP.

CHAP. X.

Que les esprits ont aussi une efficace réelle, & jusques où elle va.

DE quelque maniere, qu'on ait conçû ces sortes de substances, on se les est toûjours imaginées extremement agissantes. Quelques Philosophes ont crû, qu'elles estoient des parties de la Divinité, qui par un cercle perpetuel en emanoient incessamment, & y retournoient. Les autres des corps tres-deliez, celestes ou aëriens; & les autres enfin des estres purement spirituels, toûjours occupez de quelque pensée. Mais quelque idée, qu'on en ait eu, on les a toûjours representées, comme les plus agissantes de toutes les creatures. Et en effet, il n'en est point qui approchent plus de la Divinité, ni qui portent des caracteres plus eclatans de ses perfections; & où par consequent il ait empreint des marques plus sensibles de son activité. Et c'est une chose surprenante, qu'on vueille aujourdhuy les depoüiller de ces resmoignages si illustres de leur Divinité, & en les leur ôtant, les ramener à la condition des corps les plus grossiers. Non, s'ils n'agissent, & n'agissent d'eux-mesmes, je ne vois pas presque de difference entre-eux & les corps les plus stupides & les plus immobiles. Ils peuvent se mouvoir, lors que la premiere cause les pousse, les corps les plus grossiers le peuvent tout de mesme; ils peuvent recevoir les formes & les idées d'une infinité d'objets; les corps les plus insensibles peuvent aussi admettre une infinité

nité de figures differentes. Tout est égal jusques
là ; Que reste-t-il donc, qui les separe ? Rien
sinon la liberté, dont les esprits sont doüez, &
l'empire qu'ils ont sur leurs mouvemens, lequel
les corps n'ont pas, ni ne peuvent avoir ; le pouvoir, dis-je, que l'Auteur de la nature leur a donné de former dans leur sein les idées des objets,
qu'ils connoissent, d'y faire attention pour les
connoître, & de regler là-dessus leurs jugemens
& leurs inclinations. Voila la seule difference,
qui les distingue, nous n'en voyons point d'autre. Voulez-vous donc avoir une idée juste de
ces excellentes & nobles creatures, qui ne les
esleve pas trop haut, ni aussi ne les mette point
trop bas ; voicy ce me semble, de quelle maniere il les faut concevoir.

Ils sont des substances intelligentes, personne
n'en doute. Ils connoissent Dieu & les corps qui
les environnent, on ne le conteste point. Ce
qu'ils connoissent, ils l'aiment, ou le peuvent
aimer. Tout cela est certain. Mais il faut encore ajoûter autre chose ; c'est que d'eux-mesmes
ils peuvent former les images des choses qu'ils
connoissent, & d'eux-mesmes s'en approcher,
ou s'en esloigner, selon qu'ils le jugent convenable. Voila justement quels sont leurs avanta-
ges & leurs prerogatives. Mais le Pere Malebranche n'en tombe pas d'accord ; car il pretend
que s'ils apperçoivent quelque objet, c'est Dieu
qui leur en fournit l'idée, & qui y fixe leur attention. Que si en vertu de cette connoissance, ils
se portent à l'aimer, ou à le fuïr, c'est luy encore
qui les y arreste, ou les en esloigne par l'impulsion continuelle & invincible, dont il les meut ;
de sorte

de sorte que tant dans leurs connoissances, que dans leurs inclinations, ils ne sont que des sujets absolument passifs. Quelque chose qu'il en die, voila au vray sa pensée. Au reste, quand on pouroit dire qu'ils agissent en eux mesmes, toûjours tient il, qu'ils n'ont point la puissance d'agir hors d'eux-mesmes, & par consequent qu'on ne peut dire qu'ils aient de veritable action. ‡ *Non seulement les corps*, dit-il, *ne peuvent estre causes veritables de quoy que ce soit, les esprits les plus nobles sont dans une semblable impuissance. Ils ne peuvent rien connoître, si Dieu ne les éclaire. Ils ne peuvent rien sentir, si Dieu ne les modifie : Et ils ne sont capables de vouloir quelque chose, que parce que Dieu les agite vers luy.* Et un peu plus bas. *Quand on supposeroit, ce qui est vray en un sens, que les esprits ont d'eux-mesmes la puissance de connoître la verité, & d'aimer le bien, si leurs pensées & leurs volontez ne produisent rien au dehors, on pourroit toûjours dire, qu'ils ne produisent rien.* Tant-y-a qu'il ne leur accorde pas la moindre puissance, comme on le peut voir encore plus particulierement dans ce qu'il respond à Mr. Arnaud sur cette matiere. Il luy avoit allegué qu'ils peuvent se determiner sur les objets particuliers, qui leur sont presentez, & qu'ainsi ils ont quelque vertu, & pretendoit mesme, qu'il l'avoüoit en divers lieux de ses escrits. Voicy de quelle maniere il luy replique. * *L'ame*, dit-il, *n'est point la cause veritable & réelle ni de ses sentimens,*

---

‡ *Recherche, livre 6. chap. 8.*

* * *Resp. à une Dissertat. de Monsr. Arnaud, contre un Eclairc. du Trait. de la Nat. & de la Gr.*

mens, ni de ses idées, qui luy representent les biens particuliers . . . . . . Cela supposé, je dis, que ce qu'il y a dans nos determinations particulieres n'est que nostre consentement. Or il me semble, que nostre consentement n'est qu'un simple repos, & qu'ainsi tout ce qu'il y a de physique & de réel dans nos determinations, vient de l'efficace des loix generales, selon lesquelles Dieu agit en nous sans cesse. Car c'est Dieu, qui nous porte vers tout bien. C'est luy, qui me donne l'idée claire, ou le sentiment confus, de tel bien. C'est donc luy qui produit aussi en moy une determination naturelle & particuliere à l'egard de ce bien. Et comme cela ruïne absolument la liberté, voicy ce qu'il ajoûte pour tâcher de la sauver. *Mais quoy que Dieu me porte à aimer les biens particuliers, en consequence de l'amour du bien en general, qu'il produit en moy sans cesse, ce n'est point par une impression invincible. Il dépend de moy de consentir, ou de ne pas consentir à cette impression.* C'est là ce qu'il ajoûte, qui dans le fond n'est rien. Sa pensée donc en general est celle-cy; que la puissance, que nous avons, de nous determiner sur quelque objet particulier que ce soit, soit que nous en jugions, soit que nous l'embrassions ou le rejettions, n'emporte en nous aucune faculté d'agir; parce que ces determinations ne sont à nostre egard qu'un pur repos, & non point une action, & qu'au fond, quand on pourroit les appeller des actions, nous n'en sommes point du tout les maitres, d'autant que nous ne faisons qu'y suivre les impulsions de la cause premiere; neantmoins qu'il nous y reste quelque liberté,

parce

parce que les impulsions, qui nous y portent, ne
sont pas invincibles, & que nous pouvons les
suspendre. Voila son sentiment en abregé.

Nous n'avons pas dessein de l'examiner presentement, parce que nous le ferons † dans une
autre occasion ; cependant nous ne pouvons que
nous n'y fassions quelques remarques , pour
montrer qu'en mesme tems qu'il ôte aux esprits
la faculté d'agir d'eux-mesmes , il ruïne leur
liberté , & ne leur en laisse qu'une ombre.

On veut en premier lieu que tous nos jugemens , & toutes nos passions , en ce qu'elles ont
de positif & de réel, ne soient que des impressions
de la Divinité en nous, qui nous portent vers tel,
ou tel objet , dont elle nous a fourni l'idée , sans
que nous y agissions le moins du monde. Si la
chose est, je ne vois pas qu'on nous laisse la moindre puissance sur ces actions, ni qu'on puisse
nous accuser, avec la moindre ombre de justice ,
des desordres qui s'y rencontrent , puis que nous
y sommes purement patiens. On respond à la
verité , que lors que nous nous arrestons à quelque objet, nous pourrions ne pas nous y arrêter ,
mais continuer nostre mouvement vers le souverain bien , où l'impression de Dieu nous porte.
Mais comment le pourrions-nous , puis qu'on
soûtient que nous n'avons aucune vertu pour a-
gir ? Dieu ne nous pousse pas plus avant ; & pour
ce qui est de nous, nous n'avons aucune force
pour nous mouvoir ; comment veut-on, que
nous passions outre ? Dieu nous fixe, à ce qu'on
pretend, sur un sujet particulier , tant par l'idée
qu'il nous en presente , que par les douceurs ,
qu'il

† *An Traitté de la Liberté.*

qu'il excite dans nos cœurs à sa presence ; comment pourrions-nous resister à son action, & surmonter ces douceurs, n'ayant en nous aucune puissance ? Je ne vois point du tout, que nous le puissions. Dieu luy-mesme peut bien nous conduire plus loin, s'il le veut, en nous continuant son impulsion ; aussi à son egard nôtre attachement à ces objets particuliers n'est pas invincible : mais du moment, qu'il suspend son impression, ne pouvans, quant à nous, aller plus avant, il l'est absolument au nostre. Et mesme il y a une contradiction formelle à soûtenir que nous avons de la liberté, & pouvons suivre, ou ne pas suivre les impressions de Dieu, les arrêter sur les objets, qu'il nous presente, ou ne les y pas arrêter, & cependant assûrer en mesme tems que nous n'avons aucune vertu pour agir ; car ou il n'y a point de puissance active, ni de faculté pour resister aux impressions, qui viennent de dehors, ni d'empire sur les actions, mais seulement une pure disposition à aller comme on est poussé par une cause estrangere, il n'y a point de liberté.

Mais qu'est-ce qu'on veut dire, quand on ajoûte que nos jugemens & nos inclinations sont un pur repos à nostre egard, c'est à dire, un pur rien ? A-t-on jamais oüi parler de cette maniere? Eslancez vous vers un objet avec impetuosité, lors que vous le desirez ; ou vous en esloignez avec precipitation, quand vous le craignez : aimez-le passionement, ou le haïssez mortellement, tout cela, dit-on, n'est à vostre egard que repos, tranquilité & inaction. Que les passions ont esté jusques icy mal nommées des agitations

de l'ame, puis qu'elles ne font qu'une immobilité
& une fufpenfion d'action ! Determinez-vous de
même pleinement fur une verité, qu'on vous
propofera, ou ne vous determinez pas ; niez-la
hardiment, ou l'affirmez ; hefitez, ou confentez
fans aucune hefitation ; qu'un jugement combat
l'autre, ou le foûtienne, toutes ces actions que
vous fentez fort bien differentes, qui epuifent
vos efprits, & vous fatiguent extremement, qui
mefme vous jettent fouvent dans de terribles in-
quietudes, tout cela dans le fond du cœur n'eft,
dit-on, que repos, & tranquillité. Plaifantes
manieres d'exprimer les chofes ! Il ne faut pas
s'en eftonner. Ces Meffieurs font de ces Stoïciens
infenfibles, que les paffions les plus violentes ne
fauroient ebranler, c'eft pourquoy ils les appel-
lent un repos.　Mais je veux qu'on puiffe les appeller un pur repos, fommes-nous pour cela les
maitres de ce repos, fi nous ne le fommes pas du
mouvement, qui le precede ? Et pouvons-nous
fufpendre ce mouvement, & le fixer fur un objet
qui fe rencontre, fi toute noftre puiffance con-
fifte à fuivre indifpenfablement les impulfions,
que la premiere caufe nous donne, fans que nous
ayons la moindre vertu pour luy refifter.　Un
corps, qui dans le cours de fon mouvement s'ar-
refte à quelque obftacle, & ne peut aller plus
avant, non feulement parce que cet obftacle eft
infurmontable, mais de plus parce que l'agent,
qui le mouvoit, ceffe de le faire, & ne le pouffe pas
plus loin, eft-il le principe de fon repos ? Côme il
ne l'eftoit pas de fon mouvement, il eft conftant
qu'il ne l'eft pas non plus de cet arreft, qui luy
furvient par ces empefchemens.　Il faut dire la
mefme

mefme chofe de nos ames, fi elles n'ont aucune faculté de fe mouvoir, elles n'en ont pas non plus de fe fixer fur les objets, qui fe prefentent : Et ainfi, quelque fuppofition qu'on faffe, que leurs determinations ne font qu'un repos à leur egard, on ruïne leur liberté, fi on leur ofte la puiffance d'agir.

Quant a nous, nous avons une toute autre idée de la condition des efprits, & de leur maniere d'operer, que celle qu'on nous propofe. Ils dependent à la verité de Dieu dans toutes leurs actions, ils ne peuvent en exercer aucune, qu'il n'y influë immediatement, & qu'il ne la dirige, mais les ayant pourveus des facultez neceffaires pour agir, & de plus ayant gravé dans leurs cœurs les idées generales des chofes lefquelles il faut qu'ils connoiffent, & leur ayant imprimé une inclination naturelle à les pourchaffer, ou à les fuïr, felon leurs qualités, apres cela il les a abandonnés à leur liberté, & les laiffe agir fuivant leurs difpofitions, fe contentant de concourir en general à leurs actions, & de les diriger par fa providence, fans les porter par une force invincible à chacune en particulier. Voila l'idée que nous avons de leur condition naturelle. Il fe peut bien, que fouvent ayant une extreme repugnance à fe porter du côté qu'il veut, & que mefme leur eftant impoffible d'y tendre, s'il ne leur fourniffoit que fon concours ordinaire, il les y conduit par des voyes particulieres, qui nous font inconnuës, tantôt augmentant le fecours, qu'il leur accorde, tantôt le diminuant, felon qu'il le juge expedient ; mais il ne les meut jamais avec tant de force, qu'il les prive de toute action, & qu'ils

devien.

deviennent des organes purement passifs en sa
main. Leur ayant donc naturellement gravé
dans le cœur deux idées generales; l'une de sa
Nature & de ses perfections, qui leur peut representer tous les objets spirituels, dont la connoi-
sance leur est necessaire ; & l'autre de la matiere
& du corps en general, par laquelle ils peuvent
connoître tous les corps particuliers, avec les
differentes qualitez, dont ils sont revestus ; &
ayans toûjours ces deux idées presentes devant
les yeux, ils taillent sur ces originaux tous les
portraits des choses particulieres , qu'ils connoissent, en jugent sur ces portraits, & selon
qu'ils en ont jugé les embrassent, ou les rejettent. Voila quel est nôtre sentiment touchant
leur condition & leur maniere d'agir.

Suivant cette hypothese ce sont eux, qui forment les notions particulieres des choses qu'ils
veulent connoître ; qui les ajustent diversement entre-elles pour juger là-dessus des objets,
qu'elles leur proposent, & suivant les differentes
qualitez de ces objets, les rejettent, ou les pour-
chassent : Le tout à la verité sous la direction
de la premiere cause, & avec son concours immediat ; mais pourtant avec beaucoup de liberté,
& quelque espece d'independance. Qu'un chacun examine ce qu'il esprouve en luy-mesme,
lors qu'il contemple quelque verité, pour en
prononcer ; quelque bien, ou quelque mal, pour
s'en esloigner, ou s'y unir, & il verra s'il n'y re-
marquera pas toutes ces choses. Qu'il considere
en suite la servitude de tous les corps, & l'impuissance, où ils sont , de se mouvoir d'eux-mesmes ; qu'il se compare avec eux, je suis assuré
qu'il

qu'il reconnoîtra aisement , que sa condition est
tout a fait differente. Enfin qu'il consulte sa
conscience , & l'interroge sur le dereglement de
ses inclinations , pour sçavoir d'où il vient , & si
c'est à luy-mesme , qu'il le doit imputer , ou à
Dieu faisant tout en luy. Quelque cauterizée ,
qu'elle soit , quelque intention, qu'elle puisse a-
voir de se flater, il est constant qu'elle luy avoüera qu'ils viennent de luy , qu'il en est la vraye
cause , & que luy seul en merite la peine. Or le
peut-elle avoüer en verité , s'il n'a aucune puissance d'agir , s'il n'a pas luy-mesme la vertu de
former l'idée des choses , qu'il connoit , d'en
porter son jugement , d'aimer le bien , ni de
hair le mal ; & que ce soit Dieu , qui fasse tout en
luy , sans qu'il y concovre d'autre maniere qu'en
suivant ses impulsions , ni qu'il y ait plus de part
que les sujets les plus morts, & les plus insétibles
n'en ont dans leurs actions & dans leurs mouvemens. Qu'un homme, par exemple, prêne une
espée & s'en serve dans un meurtre. On veut que
de la mesme maniere , qu'il la poussé dans cet
action , la cause premiere le meuve luy-même :
l'un , selon les principes qu'on pose , n'y contribuë pas plus que l'autre , tous deux n'en sont
que des instrumens passifs , & des causes occasionnelles , à la présence desquelles la cause premiere fait tout. En conscience peut-on accuser
l'epée du crime de cette action , comme on en
accuse l'homme , qui l'employe ? La condamner comme luy à la peine ? Il n'est personne ,
qui le dise. D'où vient donc la difference , qui
se trouve entre l'un & l'autre , si ce n'est de ce
que l'epée n'a aucune liberté , ni aucune puissan-

H

ce

ce d'agir d'elle-mesme , au lieu que l'homme
en a ? Je n'en vois point d'autre raison. Mais
quelle est l'estenduë de cette puissance, que nous
attribuons aux esprits , & quelles en sont les
bornes ? Il n'est pas difficile presentement de le
marquer.

Premierement , puis qu'ils ont la faculté de
former dans leur sein les notions particulieres
des objets , qu'ils connoissent , de les disposer
comme il leur plait , de juger là-dessus des qualitez de ces sujets , & enfin de les pourchasser ou
de les fuïr , selon qu'ils leur paroissent bons ou
mauvais, on ne peut pas douter qu'ils n'agissent
sur eux-mesmes. Mais on le remarque particulierement en cecy , que non seulement nos inclinations dependent de nos jugemens , & nos
jugemens de nos perceptions ; mais de plus, c'est
que nous nous imposons souvent par une volonté antecedente la necessité de vouloir par une
autre volonté subsequente telle , ou telle chose ,
& en suite la voulons effectivement , selon les
ordres , que nous nous sommes volontairement
prescrits. La chose est constante , & nous l'es-
prouvons tous les jours. Il n'est pas possible
mesme , que nous nous abusions en cela , tant
nous en sômes fortement convaincus par la propre evidence du fait. Or si nous n'avons point de
liberté dans ces rencontres , point de puissance
sur nos actions , mais sommes seulement des
machines , que la cause premiere meut invinciblement , je ne sçais pas où on en trouvera.

Au reste , comme un esprit peut agir sur luy-
mesme , il peut pareillement agir sur un autre
esprit. Les raisons , que nous avons allegué au
sujet

sujet des corps, ont encore plus de force à l'e-
gard des esprits. Et en effet, si un esprit a la faculté d'agir, comme nous l'avons justifié; qu'il
ait les qualitez, lesquelles il a dessein de produire dans un autre esprit, & que mesme il les possede dans un degré plus eminent, comme tout
cela se peut aisément rencontrer ; & que cet autre enfin luy soit assujetti, soit par la condition
de sa nature, soit par quelque ordre particulier
de la Providence Divine, je ne vois rien, qui
empesche, qu'il n'agisse sur luy. La raison pour
laquelle un esprit agit sur luy-mesme, est sans
doute parce qu'il a puissance sur soy, & est present à luy-mesme. Nous supposons, qu'un autre esprit luy est present & soumis ; rien n'empesche donc, qu'il ne puisse estendre son action
jusques à luy. *Mais*, dit-on, *quand on supposeroit, ce qui est vray en un sens, que les esprits
ont d'eux-mesmes la puissance de connoistre la verité, & d'aimer le bien, si leurs pensées & leurs
volontez ne produisent rien au dehors, on pourroit toûjours dire, qu'ils ne peuvent rien. Or il
paroist evident que la volonté des esprits n'est pas
capable de remuer le moindre corps.* Il ne faut
pas douter qu'on ne tienne la mesme chose touchant la vertu d'agir sur d'autres esprits : Et la
raison qu'on allegue de cette impossibilité, c'est
que pour toute sorte d'effets est requise une puissance infinie. D'où vient, que Dieu peut agir
sur toute sorte de sujets indifferemment, & que
les creatures ne peuvent agir sur aucun. Mais si
les esprits peuvent agir en eux-mesmes, si bien
qu'une de leurs actions depende de l'autre, comme ou l'avoüe en quelque sens, pourquoy est-ce

H 2

que

que leur efficace ne s'estendra pas à d'autres esprits, que Dieu leur aura soûmis, & qui leurs
feront inferieurs en dignité & en puissance ? Je
n'y vois point d'obstacle.   Quant à ce qu'on allegue, que pour quelque effet que ce soit, il faut
une vertu infinie, s'il n'en faut point à ce que
les esprits produisent en eux quelque qualité, je
ne vois pas non plus, qu'il en faille à ce qu'ils la
produisent dans d'autres esprits. Pour un effet infini, c'est à dire, pour la production d'une chose
dans un sujet, lequel n'y auroit aucune disposition, & mesme y auroit une repugnance naturelle, ou de quelque estre, qui seroit plongé dans
le neant, est necessaire de vray une force infinie;
mais pour un effet borné & fini, soit en luy-même, soit dans la maniere, dont il est produit,
suffit une vertu limitée. En un mot, il n'y a
point d'autre regle de la puissance d'une cause
que l'effet qu'elle produit. Si c'est peu de chose,
que cet effet, il luy faut peu de vertu ; si quelque
chose de plus grand, une plus grande vertu ; si
enfin un effet, qui surpasse infiniment la portée
de nos esprits, elle a besoin d'une puissance illimitée. Voila la proportion, qui est entre ces
choses. Si vous la ruïnez, vous confondrez toute sorte de puissance & d'effet ; & il faudra pour
le moindre evenement la mesme force, & la
mesme action, que pour le plus grand, & le plus
difficile. Au reste, on ne sauroit douter, qu'il
n'y ait entre les esprits, entre les Anges, par
exemple, quelque ordre, & quelque subordination ; puis qu'ils composent diverses societez, &
que mesme Dieu emploie quelques fois les bons
pour reprimer la rage des meschans, & prevenir

les

les effets de leur violence, selon que l'Ecriture
Sainte nous l'enseigne en plusieurs endroits. Je
voudrois bien savoir sur quoy est fondée cette
subordination, si les uns ne peuvent agir sur les
autres. Car je ne connois point de superiorité,
ni de sujetion; de commandement, ni d'obeïssance, qui ne soient establis sur ce fondement.
Je vois bien sans cela de l'excellence en quelques-uns, & de la dignité au dessus des autres,
mais point de superiorité, ni d'empire. Si donc
il y a quelque ordre entre les Anges, il faut qu'il
y ait dans quelques uns de la vertu pour agir, &
dans les autres la puissance d'obeïr. Dieu a un
souverain empire sur toutes les creatures, & il
ne faut point douter, qu'il ne consiste en ce,
qu'il peut agir sur elles, leur ordonner ce, qui
luy plait, les porter à l'obeïssance, & les assister
dans les occasions, quand elles ne peuvent executer ce, qu'il leur commande. Voila l'idée,
que tout le monde a de son empire. Il a pour l'ordre de l'Univers & le maintien des choses, il a,
dis je, fait part de cet empire à quelques creatures, & sur tout aux Esprits, & aux Intelligences,
s'ils ne peuvent agir sur ce, qui leur est soûmis,
& qu'ils ne soient que des causes occasionnelles,
en la presence desquelles luy seul execute tout;
que sera-ce, que ces caracteres de son pouvoir,
qu'il leur a departi ? Rien, sinon un phantôme
& un ombre. Concluons donc qu'un esprit peut
agir réellement sur un autre.

Mais peut-il aussi avoir positivement quelque
action sur un corps, & y produire du mouvement, ou autre telle alteration ? La chose n'est
pas sans difficulté; parce qu'il y a une difference

extreme entre la maniere d'agir d'un esprit , qui
est sa volonté , ou quelque chose d'approchant ,
& du mouvement local , ou toute autre qualité',
qui en resulte ; il n'y a pourtant pas d'impossibilité.   Car s'il y en avoit , Dieu , qui est un pur
esprit, & qui n'opere que par sa volonté & par ses
decrets , ne pourroit pas non plus produire de
mouvement , de figure , ni autres telles modifications dans les corps ; cependant nous voyons
tous les jours qu'il le fait. De plus , quelque distance qu'il y ait entre une qualité sensible , & la
pensée d'un esprit , elle est pourtant bornée & finie, & ainsi elle peut estre surmontée par la puissance d'un esprit, quoy que bornée. Mais je veux
qu'un esprit creé n'ait pas assez de force pour
produire immediatement par luy - mesme du
mouvement dans un corps , & par le moyen de
ce mouvement quelques autres qualitez ; ne
peut-il pas employer pour cet effet un corps ,
qui aura & ce mouvement & ces qualitez , & les
y produire par son entremise, si bien qu'il ne fasse
qu'en faciliter la production ? Ce qui demande
beaucoup moins de vertu. Nous remarquons
tous les jours , que quantité de causes , qui d'elles
mesmes ne pourroient jamais atteindre certains
effets, les obtiennent par cette voye. C'est ainsi
qu'un leger surcroit d'eau entrant dans un étang
romp facilement les digues , qui l'arrêtoient au-
paravât; non pas par son impetuosité particuliere,
mais par la force des eaux , qui y estoient dé-ja ,
les determinant à heurter impetueusement ces
digues , qu'elles ne faisoient auparavant , que
presser legerement. Pourquoy est-ce qu'un esprit ne pourra pas en user de mesme envers un
corps ?

corps, dans lequel il voudra introduire du mouvement, & par l'entremise de ce mouvement
quelques autres qualitez ? Si de luy-mesme il
n'a pas assez de vertu pour les y produire, qui
est-ce qui empeschera, qu'il n'employe pour cela quelques corps, qui les ayant luy servent à
les y transmettre. Il y a bien plus, c'est qu'il y
a toutes les apparences du monde, qu'il peut les
y produire de luy-mesme sans autre secours. Il a
la vertu, selon que nous venons de le prouver,
de se servir d'un corps, qui aura du mouvement,
pour en exciter dans un autre, il n'est pas possible qu'il se serve de ce corps, ni qu'il le determine à agir sur cet autre pour luy faire part de
son mouvement, que luy-mesme n'agisse sur
luy, & par quelque impulsion, de quelque nature qu'elle soit, il ne l'applique à cet effet. Or
s'il a cette vertu, pourquoy ne pourra-t-il pas
produire en luy toute autre qualité, soit mouvement, soit figure, aussi-bien que cette determination ? Et puis, si un esprit ne peut agir sur un
corps, que comme une occasion, à l'exigence
de laquelle ce soit Dieu, qui opere veritablement ; quelque elloigné que soit ce corps, l'esprit agira sur luy, tout de mesme, que s'il estoit
present ; si bien qu'un Ange des Cieux pourra
aisément, sans en partir, effectuer icy bas en
Terre tout ce qu'il voudra, ne plus ne moins,
que s'il y estoit. En un mot, la sphere de son
activité occasionelle n'aura aucunes bornes. Cependant il est constant, que la sphere de toutes
les creatures est bornée. Lors donc qu'un esprit
agit sur un corps, son action est réelle. Nous
en avons encore une preuve plus evidente dans
H 4
l'union

l'union de nos ames avec nos corps. Ils font
aſſujettis l'un à l'autre dans la plus grand part de
leurs operations , & c'eſt en cela ſeul , que conſ-
ſiſte leur union mutuelle. Ils ne peuvēt eſtre unis
par un attouchement reciproque de leurs parties,
puis que l'ame n'a point de parties. Ils ne le
peuvent non plus par l'intervention de quelque
troiſiéme entité , telle que les Scholaſtiques ſe
l'imaginent ; car de quelque nature , qu'on la
ſuppoſe , s'ils peuvent eſtre unis avec elle , ils
pourront auſſi bien l'eſtre entre-eux ſans ſon entremiſe. Il ne reſte donc rien , qui puiſſe conſ-
ſtituer leur union , que cette ſujettion & cette
dependance reciproque. Or ſi l'un n'agit point
réellement ſur l'autre , & qu'ils ne ſoient que de
ſimples occaſions de ce , qui ſe paſſe entre-eux ,
leur union ne ſera qu'une pure apparence ; ſans
conter que nos ames pourroient egalement eſtre
unies aux corps de quelques bêtes , qu'aux nôtres , & y exercer les meſmes fonctions ; & nos
corps pareillement aux ames de quelques animaux , que ce ſoit , & avoir les meſmes mouvemens ; ce qui eſt tout-a-fait abſurde. Mais
examinons un peu ce , qui ſe paſſe dans l'ame ,
lors qu'elle remuë quelques-unes de ces parties
du corps , qui luy ſont aſſujetties. Toutes ne
dependent pas d'elle , & meſme entre celles , qui
en dependent , toutes ne luy obeïſſent pas egalement ; ce qui eſt dé-ja une preuve, qu'elle n'eſt
pas une ſimple occaſion , à la requiſition de laquelle Dieu les meuve ; puis que Dieu les peut
mouvoir toutes egalement ; & toutes-fois nous
ne voyons pas qu'il le faſſe, quoy qu'elles le ſou-
haitent. Quoi qu'il en ſoit , ſi elle veut qu'une
de ſes

de ces parties, qui sont dans sa dependance, se
meuve, elle se meut indispensablement; si elle
ne le veut pas, elle ne se remuë point. Si elle
souhaitte, qu'elle se meuve promptement, elle
le fait; mais il faut aussi que l'ame le souhaitte
promptement. Si languissamment, elle obeït
aussi; mais il est requis tout de mesme qu'elle le
vueïlle languissamment. Si elle desire que le
mouvement soit grand & violent, il ne manque
pas de l'estre; mais il faut aussi que l'ame fasse de
grands efforts pour l'obtenir. En un mot, il y
a une admirable proportion entre les actions de
l'ame & les mouvemens du corps. A quoy bon,
je vous prie, toute cette diversité d'actions dans
l'ame, cette promptitude, cette lenteur, ces
efforts, si elle ne fait rien du tout, & que sa volonté ne soit qu'un signe, à l'occasion duquel ce
soit Dieu seul, qui agisse? Supposez que Dieu
vueïlle, ou puisse vouloir, qu'elle en soit une
veritable cause, que fera-t-elle davantage? Je
ne vois pas qu'elle puisse rien faire de plus. Mais
que dirons nous de cette creance, qu'elle a naturellement, que c'est elle, qui remuë ces parties? qu'on luy fait injustice, si on luy ôte la
puissance de le faire, ou qu'on ne luy en per-
mette pas l'usage? Est-ce une pure illusion?
Un prejugé d'enfance? On le dit, mais plus on
considere la chose, & plus il paroît que sa creance
est bien fondée. Au reste pourquoy est-ce que
Dieu souffriroit qu'elle s'abusat ainsi, & s'attri-
buat ce, qui n'appartient, & ne peut appartenir
qu'à luy seul? Qu'il la laisseroit eternellement
dans cet erreur? Qu'il ne luy representeroit
point en cela sa vanité, pour l'humilier, & la

H 5

tenir

tenir dans la dependance ? Je n'en penetre
point d'autre raison , si ce n'est que cette persua-
sion est veritable , naturelle & immuable.

Pour ebranler tout cecy, on nous fait quelques petites difficultez , qui ne meritent pas
assurément , qu'on s'y arrête ; ausquelles mesme
nous avons dé-ja pleinement satisfait; cependant
afin qu'on ne die pas , que nous ayons rien omis
de tout ce qu'on allegue pour ruiner l'efficace
des causes secondes , nous nous y arrêterons volontiers quelques momens. On dit donc , que ,
quelque attention qu'on fasse , † *On ne trouve
point de liaison entre la volonté , que nous avons
de remuer nôtre bras , par exemple , & le mouvement de ce bras.* Il est vray , qu'on n'y trouve point de liaison naturelle , si bien que l'un
suive essentiellement de l'autre ; & la raison en
est , que le corps n'est pas essentiellement soûmis à l'ame , mais seulement par une volonté libre de la Divinité , qui l'a ainsi arresté ; cependant il y en a une tres-sensible. Car , outre que
l'ame est une cause assez eslevée & assez noble
pour un tel effet , c'est qu'elle ne veut point que
le bras se meuve , qu'il ne le fasse s'il est bien disposé. Que veut-on davantage ? Qu'on prene
quelle cause on voudra , pourveu qu'elle soit libre dans ses actions , comme l'ame l'est dans ce
mouvement ; qu'on prene Dieu luy-mesme ,
qu'on veut estre la seule cause de cet effet , & on
verra , si elle a rien de plus.

Mais , adjoûte-t-on , quel raport entre nôtre
volonté , & le mouvement de nostre bras ? * *Je*
n'en

<hr>

† *Recherche de la Verité, liv. & chap. preallegués.*
* *Eclair. sur la Rech. de la Ver. si souvent allegué.*

*n'en vois aucun entre des choses si differentes. Je
vois même tres-clairement, qu'il ne peut y avoir de
rapport entre la volonté, que j'ay, de remuer le bras,
& entre l'agitation de quelques petits corps, dont je
ne sçay ni le mouvement, ni la figure, lesquels vont
choisir de certains canaux des nerfs entre un million
d'autres, que je ne connois point, afin de causer en
moy le mouvement, que je souhaite, par une infinité
de mouvemens, que je ne souhaite point.* Qu'il y
ait de la proportion entre les volontez de nos a-
mes & les mouvemens de nos corps, ou qu'il n'y
en ait pas; que l'un soit infiniment different de
l'autre, ou ne le soit pas, il nous importe tres-peu,
pourveu que, comme nous l'avons demontré en
repondant à l'objection precedente, il se trouve
entre les deux de la liaison, & de la suite; & que
les mouvemens du corps procedent veritablemét
des volontez de l'ame. De quelque maniere que
la chose soit, nous aurons toûjours, ce que nous
souhaitons, & cette seconde objection sera nulle.
Je voudrois bien sçavoir quel rapport & quelle
convenance il y a entre la volonté de Dieu, & ces
mesmes mouvemens, & s'il n'y a pas plus de difference entre-elle & eux, qu'entre nos volontés
& les mesmes mouvemens; on advouë cependant,
que malgré cette difference, qui est infinie,
la volonté de Dieu peut fort bien les produire. Si
elle le peut, je ne vois pas pourquoy la volonté
de l'homme ne le pourra pas tout de mesme. Il est
bien vray, que la puissance d'une cause est fondée
sur la proportion, qu'il y a entre-elle & son effet;
mais cette proportion ne se tire pas de la condition naturelle de l'un ni de l'autre, ni de leur res-
semblance, mais plûtost de l'excellence de la cau-

se à

se au dessus de l'effet , de la subordination naturelle ou contingente de l'un à l'autre , & autres
telles circonstances : de sorte que si ces conditions
se rencontrent entre deux sujets , il ne faut point
douter que l'un ne puisse produire l'autre. Or il
est certain qu'elles se trouvent entre nos volontez & les mouvemens de nos corps , & par consequent elles peuvent les produire.

Pour ce qui est de ce qu'on allegue , * que nos
ames ne connoissent point la qualité des esprits
animaux , dont elles se servent pour ces mouvemens , ni les tuyaux , par où il faut qu'ils passent
pour descendre en tels ou tels muscles ; que ces
esprits mesmes ont divers mouvemens , que nos
ames ne cōmandent point ; & autres telles choses , sur lesquelles on fait grand fondement , tout
cela n'a pas la moindre solidité , & s'il faloit que
tout agent sçût parfaitement la nature du sujet
sur lequel il agit , les qualitez & la vertu de tout
ce qui opere avec luy , que rien n'eut le moindre
mouvement , qu'il ne le connût & ne le dirigeat ,
ce raisonnement auroit quelque force ; mais toutes ces conditions ne sont point necessaires dans
les causes sous-ordonnées , lors qu'elles ne font
que suivre les impressions de quelque autre , qui
les meut : il suffit que la premiere , qui est la mai-
tresse de l'ouvrage , en soit pleinement instruite;
quant aux autres , qui sont des instrumens , qui
agissent sous sa direction , cela n'est point requis.
Et mesme souvent il est impossible , qu'elles ayent
cette connoissance , parce que tant de causes concourent à un même effet , & leurs manieres d'a-
gir

*Cordemoy au Discours 4. allegué cy-dessus ,
& Malebranche en divers endroits.

...gir sont si differentes, qu'il faut estre un Dieu
pour connoître le tout.   Pour ce qui nous regarde en particulier, le Souverain Arbitre de toutes
choses sçachant quelle est nostre foiblesse, que le
moindre objet est suffisant pour nous occuper ;
que la moindre contention nous espuise ; que la
moindre diversité nous trouble ; & voulant que
nous agissions avec plus de tranquillité, de repos
& de plaisir, il nous a deschargé de ces soins, &
de ces connoissances dans l'occasion presente.

Mais enfin, continué-t-on encore, qu'est-ce,
que cette puissance, que l'ame a sur le corps ?
Que cette efficace, qu'elle y deploye ? Que ces
effets, qu'elle y produit ? † *On n'en a point d'idée*
claire ; on ne sçait pas trop bien ce, qu'on dit, lors
qu'on les assure positivement. On n'est entré dans ce
sentiment, que par prejugé, &c. On nous dira tant
qu'on voudra, que nous avons embrassé trop legerement l'opinion de l'efficace des causes secondes ; que ce n'est que prejugé, qu'enfance,
que tesmoignage des sens ; on nous le rebattra
mille & mille fois ; tandis qu'on nous l'objectera
sans preuve, comme on le fait eternellement,
cela ne nous ebranlera point.   Si c'est prejugé,
c'est un prejugé naturel, soûtenu de la verité. Si
enfance, une enfance naïve & sincere. Si tesmoignage des sens, un tesmoignage fidele.
Nous ne sçavons pas au reste, si le Pere Malebranche & ses Disciples n'ont point d'idée claire
de la force, que l'ame a sur le corps, ni de sa maniere d'agir ; ils peuvent bien n'en avoir point,
puis qu'ils croyent qu'on ne connoît la nature de
nos ames, ses facultez, ses actions, que par un
senti-

____

† *Eclaircissement cy-dessus cité.*

sentiment confus ; pour nous, nous en avons une
idée assez distincte, que nous avons suffisamment
expliquée, pour estre comprise, si on vouloit la
comprendre. Mais on ne le veut pas. Au fond
quant on ne concevroit pas distinctement, qu'elle
est la nature de cette puissance, son action, son
efficace, est-ce que pour cela il faudroit nier,
que nos ames en eussent ? Ce sont choses fort
differentes, que sa nature, ses actions, son efficace, & son existence. On peut bien estre con-
vaincu du dernier, sans comprendre nettement
le reste. Le Pere & ses Disciples connoissent-ils
parfaitement la nature de la Puissance de Dieu
sur les corps, & sa maniere d'y agir ? Cependant
ils ne nient pas, qu'il n'y agisse. Apres tout,
est-il bien si difficile de sçavoir ce, que c'est, que
cette puissance, que nos ames ont sur nos corps,
qu'elle en est l'estenduë, & la façon d'agir ? Il
me semble, qu'on peut le deduire assez facilement, tant de ce, que nous avons establi dans
tout ce Traité, que des principes mesmes de nos
Adversaires. Ils nous disent, qu'il n'y a point
d'autre force dans les esprits pour agir, que leur
volonté ; d'autre action, que les differens actes
de la mesme volonté ; d'autre efficace, que ces
mesmes actions suivies de leurs effets. He bien,
soit, qu'il n'y ait rien davantage, cela nous suffit.
Nous leur repondons que cette puissance, qu'ont
nos ames sur nos corps est leur volonté ; que leurs
actions sont les ordres de cette mesme volonté,
par lesquels elles prescrivent à tel, ou tel mem-
bre de se remuer ; & leur efficace enfin ces mesmes ordres suivis de tel, ou tel mouvement.
Nous ne remarquons pas autre chose dans la cause pre-

se premiere , qu'on avouë pourtant concourir réellement à la production de ces mouvemens , pourquoy en exiger davantage dans la cause seconde , qui agit sous sa conduite , & par son impression ? Voila ce , que nous leur repondons.

Et il ne faut point , qu'on nous objecte , comme on le fait en d'autres lieux , *Que ces mouvemens procedans de la Volonté de Dieu , ils ne peuvent estre imputés à la nostre.* Car ces deux volontez estant essentiellement sous-ordonnées, comme elles le sont, leur action estant la même, comme ces Messieurs le confessent , ils ne peuvent proceder de l'une , qu'ils ne procedent de l'autre. *Nous n'agissons* , disent-ils , *& ne produisons rien , que par nos volontez ; c'est à dire , par l'impression de la Volonté de Dieu , qui est nostre force mouvante ; & nos volontez ne sont efficaces , qu'entant qu'elles sont de Dieu.* Nos ames sont naturellement soûmises à Dieu dans leurs operations ; ces operations mesmes ne sont point differentes de celles de Dieu , il me semble qu'il n'y a rien de plus naturel que de conclure , qu'elles ont mesmes effets , & que comme Dieu est une cause réelle de ces effets, nos ames le sont pareillement. Voila , ce me semble , ce qui suit naturellement de ces principes.

Et nous sommes surpris , que ces Messieurs les admettans avec nous , en tirent des conclusions si differentes. Ils reconnoissent dans les creatures à peu prez les mesmes choses , que nous ; ils y admettent les mesmes perfections, & tout ce qu'il faut pour constituer une veritable puissance ; ils confessent qu'elles se meuvent ; de ces mouvemens ils voyent resulter une

infinité

infinité d'effets, & cependant ils ne veulent pas qu'elles agissent réellement, mais seulement en apparence. Assurément ils ne suivent pas en cela leurs idées, ils oublient la regle, qu'ils nous recommandent tant ; qui est, *Que la volonté, ou plûtost le jugement, ne doit jamais s'esloigner de la perception.* La préoccupation les esblouït, la passion les emporte, c'est ce qui fait qu'ils s'egarent.

Il se peut bien, quant à Nous, que nous nous serons quelques-fois egarez. *Nihil est ab omni parte beatum.* Et de plus, il faut estre bien eclairé pour ne pas s'esloigner quelquesfois du chemin en suivant des gens si vifs, & si eblouïssans ; & bien ferme pour ne pas estre ebranlé en les redressant. Tout ce que nous pouvons dire, c'est que nous avons pris leur sentiment le plus fidelement qu'il a esté possible, & avons tâché de les refuter sans aucun deguisement. Si nous nous sommes trompez en quelque chose, nous serons ravis qu'on nous represente nos erreurs Tout honneste homme doit tendre à la verité, & par là à la vertu. C'est-là aussi nostre unique but. *Sapientia nihil est aliud, quàm dispositio animi ad rectè sentiendum de rebus, & rectè agendum in vita.*

F I N.

www.ingramcontent.com/pod-product-compliance
Ingram Content Group UK Ltd.
Pitfield, Milton Keynes, MK11 3LW, UK
UKHW022019170726
13837UKWH00001B/280